라이프니츠가 들려주는

모나드 이야기

라이프니츠가 들려주는

모나드 이야기

ⓒ 김익현, 2008

초판 1쇄 발행일 2008년 12월 13일
초판 10쇄 발행일 2022년 8월 5일

지은이   김익현
그림   조영주
펴낸이   정은영

펴낸곳   (주)자음과모음
출판등록   2001년 11월 28일 제2001-000259호
주소   10881 경기도 파주시 회동길 325-20
전화   편집부 (02)324-2347 경영지원부 (02)325-6047
팩스   편집부 (02)324-2348 경영지원부 (02)2648-1311
e-mail   jamoteen@jamobook.com

ISBN 978-89-544-0835-6 (64100)

라이프니츠가 들려주는
모나드 이야기

김익현 지음

|주|자음과모음

책머리에

　라이프니츠는 1646년 7월 1일 독일의 라이프치히에서 태어났습니다. 라이프니츠는 여섯 살 때 아버지를 잃은 후 어머니께 함께 어머니 하에서 자랐습니다. 그의 어머니는 온화한 성품을 지녔던 분으로 평화와 조화를 존중하는 신앙인이었다고 합니다. 어머니의 영향으로 라이프니츠는 평생 동안 조화와 화해를 소중히 여기며 살았습니다. 그의 비서였던 에크하르트가 전하는 바에 따르면, 라이프니츠는 한 번도 남을 헐뜯는 말을 한 적이 없었고, 다른 사람의 단점보다는 장점을 보려고 노력했다고 합니다.

　이러한 성향은 그의 철학에서도 그대로 나타납니다. 당시 유럽은 전통적인 신학적 세계관과 과학의 발달로 인해 새롭게 등장한 기계론적 세계관이 충돌하는 지적 혼란기였습니다. 사람들은 두 세계관 중 하나를 선택할 것을 강요받고 있었습니다. 라이프니츠도 예외는 아니었어요. 하지만 두 세계관의 장점과 단점을 잘 알고 있던 라이프니츠는 어느 하나를 택하기보다는 각각의 세계관에서 장점을 종합하는 것이 바람직하다고 생각했습니다. 그렇게 해서 라이프니츠는 종교도 과학도 포기하지 않고 종교와 과학을 화해시키는 새로운 철학을 제시합니다. 그것이 바로 이 책에서 이야기하려 하는 모나드론입니다. 결국 라이프니츠의 철학 즉, 모나드 이야기는 전통과 현대를 조화시키려는 노력의 산물입니다. 그래서 사람들은 그를 조화와 화해의 철학자라고 부르기도 합니다. 더욱이 라이프니츠가 르몽에게 보낸 편지를 보면, 그가 의식적으로 조화와 화해를 추구했다는 사실을 알 수 있습니다. 라이프니츠는 다음과 같이 쓰고 있습니다. "나는 이제까지 흩어져 있는 진리들을 찾아 통합하려고 애썼다."

라이프니츠의 아버지는 라이프치히 대학 도덕철학과 교수였습니다. 라이프니츠가 천재성을 가지고 지적인 분위기에서 성장할 수 있었던 것은 아버지 덕분이라고 해도 과언이 아닙니다. 비록 라이프니츠가 여섯 살이었을 때 돌아가셨지만 아버지는 훌륭한 서재를 남겼습니다. 라이프니츠는 놀이터 대신 서재에 머물면서 혼자 힘으로 라틴어를 익혔습니다. 그리고 로마의 고전과 중세 스콜라 문헌을 비롯한 서재의 책들을 읽었습니다. 라이프니츠는 열다섯 살에 대학에 입학했고 스무 살에 박사 학위를 받았습니다. 스무 살에 라이프치히 대학에서 모든 과정을 마치고 박사 학위를 신청했지만 어리다는 이유로 거부당했다고 합니다. 그래서 그는 대학을 옮겨서 법학 박사 학위를 받습니다. 그리고 교수직 제의를 받지만 받아들이지 않습니다. 천재라는 소리를 들을 만하지요.

그 후 라이프니츠는 마인츠의 선제후이자 대주교인 쇤보른의 공화국에서 법률 자문을 하면서 외교관으로 활동합니다. 외교라는 것이 국가 간의 갈등을 풀어 조화와 화해로 이끄는 것이잖아요. 조화와 화해를 추구했던 라이프니츠의 성향과 잘 어울리는 직업이었던 것 같습니다. 당시 유럽은 '30년 전쟁' 중이었습니다. 종교 간의 갈등으로 시작된 이 전쟁은 유럽 전역에서 진행되었으며 유럽을 분열하고 초토화시켰어요. 라이프니츠는 전쟁이 가져다준 상처를 치유하기 위해 외교관으로서 분열된 유럽의 통합을 위해 노력했습니다.

호기심 많은 천재 라이프니츠는 외교관서, 궁정 도서관장, 역사가, 학술원 초대원장으로 바쁘게 활동하면서 다방면으로 뛰어난 업적을 남겼습니다. 특히 라이프니츠는 수학에서 미적분학을 창안하기도 했고, 더하고 빼고 나누고 곱하는 것을 자동으로 할 수 있는 계산기를 발명하기도 했습니다. 그의 연구는 논리학, 역사, 법학, 생물학, 물리학, 심리학, 신학, 광학, 연금술, 사회 개혁, 교육개혁 등 그가 관심을 기울이지 않은 분야가 없을 정도로 광범위하게 이루어졌습니다. 프리드리히 대왕은 라이프니츠에 대해 이렇게 표현했다고 합니다. "그 혼자 학술원 전체를 표현하고 있다."

라이프니츠가 쓴 주목할 만한 주요 저서로는 《변신론》(1710), 《모나드론》(1714), 《이성에 근거를 둔 자연과 은총의 원리》(1714) 등이 있습니다. 하지만 이러한 저서들은 라이프니츠가 남긴 문헌들 중 극히 일부에 불과합니다. 라이프니츠는 당시 유명했던 거의 모든 학자와 편지를 주고받았는데, 편지 속에는 그의 중요한 사상들이 담겨 있습니다. 그런데 그 편지가 자그마치 1만 5천여 통이나 됩니다. 유명한 사상가의 경우 대부분 저서를 한데 묶어 전집(全集)의 형태로 출간이 이루어집니다. 하지만 아직까지 라이프니츠의 경우는 전집이 출간되지 않고 있습니다. 그것은 라이프니츠의 사상이 그만큼 방대하다는 반증이라고 할 수 있습니다.

2008년 12월

김익현

C O N T E N T S

책머리에
프롤로그

1 모나드와의 만남 | 015
1. 과학 시간에 생긴 일   2. 모나드가 뭐예요?
3. 대화명 모나드, 그에 대한 의문
• 철학 돋보기

2 신은 위대한 프로그래머 | 051
1. 뜻밖의 행운   2. '모나드 님'의 정체
3. 게임에 숨겨진 비밀   4. 이 세계는 신이 만든 프로그램
• 철학 돋보기

3 모나드는 우주의 거울 | 095
1. 〈매트릭스〉 영화를 띠올린 이유 2. 〈매트릭스〉는 제한될 수도 있는 가상의 세계
3. 인간만이 자기반성을 할 수 있다
  • 철학 돋보기

4 있을 수 있는 최상의 세계 | 129
1. 반성하는 아이들 2. 최고의 디자이너가 선택한 최상의 세계
3. 반성의 첫걸음, 일기 쓰기
  • 철학 돋보기

에필로그
부록_통합형 논술 활용노트

프롤로그

"다다닥! 다다다다닥!"

고요한 밤에 자판 두드리는 소리가 요란합니다. 시게는 밤 열두 시를 가리키고 있지만 태균이는 시간 가는 줄 모르고 컴퓨터 게임에 열중하고 있었어요.

"아, 아까워!"

한창 게임에 몰두하던 태균이는 자판을 주먹으로 '쾅' 쳐 버렸어요. 2인용 게임에서 또 지고 말았어요.

요즘 태균이가 흥미를 갖는 게임은 미로 게임이에요. 사막을 헤매면서 보물을 찾는 내용인데 길을 가는 중간중간에 방해물이 나타나요. 그 방해물을 뿌리치면서 오아시스까지 가는 동안 얼마나 많은 보물을 갖느냐에 따라 점수가 올라가는 게임이지요.

이번에도 '모나드'라는 대화명을 가진 상대방이 태균이를 이기고 말았어요. 태균이가 가는 곳마다 요리조리 따라다니며 길을 막더니 결국 이런 결과를 가져온 거예요. '모나드' 때문에 미로 게임에서 진 게 벌써 몇 번째인지 몰라요. 기분이 나쁘다 못해 화까지 치밀었어요.

"게임 왕인 내 코를 이렇게 납작하게 만들다니…… 모나드? 대화명조차 마음에 안 들어. 대체 무슨 뜻인지 알 수가 있어야지. 괜히 유식한 척하느라고 외래어로 지었을 거야. 나처럼 쉬운 대화명이면 얼마나 좋아. '내 멋대로' 근사하잖아?"

그러고 있을 때 내화창이 떴어요.

— 모나드 : 미로 게임 한판 더 할까?

"흥! 신났다 이거지?"

태균이는 홧김에 대화창에 이렇게 썼어요.

'어림없는 소리! 재수 없으니까 당장 꺼져!'

그러자 대화창에 웃는 모양의 이모티콘이 뜨는 거예요.

"어라? 이젠 비웃기까지?"

속이 부글부글 끓었어요. 태균이가 대화창에 욕이라도 써 넣으려는 순간 방문이 벌컥 열리며 엄마가 들어오셨어요. 태균이는 엉겁결에 모니터를 껐지만 이미 엄마는 모든 것을 본 뒤였어요.

"내 이럴 줄 알았어! 공부하나 했더니 역시나 그럴 리가 없지! 그래, 시험을 코앞에 둔 녀석이 밤늦게까지 컴퓨터 게임이야?"

엄마가 태균이의 귀를 잡아당기며 야단을 쳤어요.

"아아아! 왜 이러세요? 아프단 말이에요."

"아픈 건 알아? 밤이 새도록 공부를 해도 시원찮을 판에 게임을 하고 앉아 있어? 지난번에 시험을 그렇게 죽 쑤고도 이러고 있으니 양심이 있는 거야, 없는 거야? 희진이 좀 봐. 개는 국제중학교에 들어가려고 눈에 불을 켜고 공부한다더라. 게다가 고등학교는 외국어고등학교에 들어갈 목표를 세웠대. 너와 동갑인데도 어찌나 야무지고 똑똑한지 몰라. 넌 그런 얘기 듣고도 느끼는 게 없니?"

엄마 입에서 또 희진이 얘기가 튀어나왔어요.

"으휴, 지겨워! 희진이가 국제중학교에 들어가는 깃하고 나하고 무슨 상관이 있어요? 희진이는 희진이고 나는 나란 말이에요!"

"애 좀 봐? 하이고, 이렇게 자존심이 없으니 그딴 성적을 받고도 이렇게 떳떳이 게임을 하고 있지."

엄마는 한심하다는 듯 태균이를 노려보았어요.

"너 자꾸 이렇게 게임만 하면 이놈의 컴퓨터, 내일이라도 당장 팔아 버릴 거야! 알겠어?"

엄마의 으름장에도 태균이는 눈 하나 깜짝하지 않았어요.

'흥! 집에 컴퓨터가 없으면 게임을 못하는 줄 아시나? PC방으로 가면 된단 말씀!'

태균이는 엄마를 향해 '메롱!' 하고 혀를 내밀었어요. 물론 엄마는 전혀 눈치채지 못하도록 마음속으로 그랬지요.

"공부 안 하려거든 잠이나 자! 내일 또 늦잠 자서 지각하지 말고!"

엄마는 태균이가 뭐라고 대답도 하기 전에 불을 탁 끄고 나가 버렸어요. 사방이 칠흑처럼 감감해졌어요. 태균이는 어둠 속에서 두 손을 더듬어 컴퓨터 본체를 끄고는 침대에 드러누웠어요.

"그래, 오늘만 날이 아니잖아? 내일을 위해서 그만 자자. 게임은 내일도 할 수 있는 거니까."

태균이는 감지대에 누워서 쉽게 잠을 이룰 수기 없었어요. 저 까매 '모나드'의 존재가 궁금한 거예요.

"어떤 사람이기에 게임을 그렇게 잘할까? 단 한 번도 나에게 진 적이 없어."

어쩌면 '모나드'는 태균이 또래의 아이가 아니라 어른일지도 몰라요. 태균이는 모나드가 무조건 어른일 거라고 생각하기로 했어요. 그래야 자존심이 딜 상하니까요.

"흥! 어른이라면 참 한심해. 아이들하고 게임해서 이기고는 즐거워하겠지? 그리고 얼마나 할 일이 없으면 그렇게 컴퓨터 게임으로 시간을 죽이겠어?"

일부러 '모나드'를 깎아내리는 생각만 골라서 했어요. 그러나 마음은 여전히 편하지 않았어요.

"게임 왕인 나를 번번이 무너뜨리다니, 용서할 수 없어. 두고 봐! 반드시 내 앞에 무릎을 꿇게 만들겠어!"

그런데 다음 순간 태균이는 자기 자신에 대해 부끄러운 마음이 들었어요. 다른 친구들은 이 시간에도 공부에 열중하고 있을 텐데 컴퓨터 게임에만 몰두하고 있는 자신이 갑자기 한심스러워진 거예요.

그러나 그런 뉘우침은 아주 짧은 순간이었을 뿐이에요. 다시금 모나드에 대한 전투 의지가 불타올랐으니까요.

"모나드! 기다려. 언젠가는 너를 이기고 말 거야. 나, 김태균은 다른 건 몰라도 게임에서만은 둘째가라면 서러우니까 말이야."

태균이는 입술을 꽉 깨물고 주먹을 불끈 쥐었어요. 마치 전쟁터에 나가는 장군처럼 비장한 마음이었어요.

모나드와의 만남

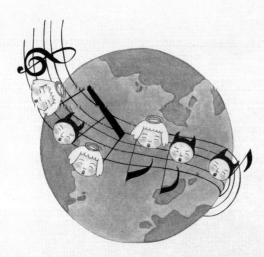

1. 과학 시간에 생긴 일
2. 모나드가 뭐예요?
3. 대화명 모나드, 그에 대한 의문

 공간은 어째서 물질의 존재를 허락했는가 —라이프니츠

1 과학 시간에 생긴 일

어제 밤늦게까지 게임을 해서인지 1교시가 시작되기도 전에 졸음이 밀려왔어요.

태균이가 꾸벅꾸벅 조는 모습을 본 뒷자리 세윤이가 태균이의 옆구리를 쿡쿡 찔렀어요.

"김태균! 혹시 어제 공부하느라 밤샜냐?"

"무슨 소리야? 날 뭘로 보고……. 김태균 사전에 공부하느라 밤새는 일은 없이."

"하긴 그렇지. 게임 하느라 밤샌다면 몰라도……."

세윤이가 킥킥거렸어요.

그 때 선생님이 교실로 들어왔어요.

"자, 1교시는 과학 시간이죠? 모두들 과학실로 가세요. 오늘은 암석에 대한 실험을 할 거예요."

아이들은 줄지어 서서 과학실로 갔어요. 여러 가지 실험 도구가 가득한 과학실에 들어서니 마치 과학자가 된 기분이었어요.

선생님은 각 조의 조장을 나오게 하더니 찰흙 반대기, 분홍색 고무찰흙, 나무 판 등을 나누어 주었어요. 그리고 조장들은 나누어 받은 찰흙 반대기, 분홍색 고무찰흙, 나무 판을 가지고 와서 책상 위에 올려놓았어요.

"자, 모두들 고무찰흙으로 둥근 덩어리를 만드세요."

아이들은 선생님의 설명에 따라 고무찰흙으로 덩어리를 만들었어요. 그리고 그 다음에는 찰흙 반대기 위에 분홍색 덩어리를 여러 개 쌓아 올렸어요. 그 위에 찰흙 반대기를 올려놓고, 그 위에는 또 분홍색 덩어리를 여러 개 쌓아 올리는 거예요. 그러니까 찰흙 반대기와 고무찰흙을 번갈아 쌓아서 여러 층을 만드는 거지요.

"다 되었어요?"

"예!"

"이번에는 나무 판으로 찰흙 반대기를 세게 눌러 보세요."

아이들은 모두 선생님이 하라는 대로 했어요.

"어떻게 되었지요?"

"줄무늬가 생겼어요!"

아이들이 대답하자 선생님은 고개를 끄덕였어요.

"맞아요. 그런데 왜 줄무늬가 생겼을까요?"

"나무 판으로 세게 눌러서요."

맨 앞에 있던 동호가 대답했어요.

"맞아요. 동호 말대로 나무 판으로 세게 눌렀기 때문에 줄무늬가 생긴 것이에요. 즉, 압력 때문이지요. 우리는 이 실험을 통해서 암석의 모양이 변하는 이유를 정확히 알 수 있어요. 암석도 오랜 세월을 지나는 동안에 열과 압력에 의해 줄무늬가 생긴다는 사실 말이에요."

그러더니 선생님이 갑자기 노래를 부르는 거예요.

"바윗돌 깨뜨려 돌덩이, 돌덩이 깨뜨려 돌멩이, 돌멩이 깨뜨려 자갈돌, 자갈돌 깨드려 모래알……."

반 아이들 중 몇 명은 조그맣게 홍일홍일 노래를 따라 부르기도 했어요.

"여러분, 이 노래 알고 있죠?"

"네!"

선생님의 질문에 아이들이 큰 소리로 합창하듯 대답했어요.

"이 노래는 과학적으로 설명할 수 있어요. 암석은 열과 압력에 의해 모양이 변하게 돼요. 그리고 지난 시간에도 배웠듯이 열과 압력뿐만 아니라 바람 때문에 절벽과 암석의 모양이 바뀐다고 배웠죠? 선생님이 불렀던 노래 가사처럼 열, 압력, 바람 때문에 큰 바위가 쪼개지면서 돌덩이가 되고, 돌덩이는 돌멩이가 되고, 돌멩이는 자갈돌이 되고, 자갈돌은 모래알이 돼요. 선생님의 설명이 기억나지 않으면 항상 이 노래를 기억하세요."

태균이는 설명에 집중하지 않고 아까 선생님이 노래 부르던 모습을 생각하며 속으로 웃고 있었어요. 솔직히 음정 박자가 하나도 안 맞았잖아요. 선생님은 음치에 가까워요.

어느덧 수업이 끝났어요. 아이들은 곧바로 책을 챙기고 교실로 올라갔어요. 태균이도 친구들과 교실로 올라갔어요.

"야, 우리 선생님은 노래를 너무 못하시는 것 같다니까! 5반 선

생님은 진짜 잘하는데……."

태균이의 짝꿍 현수가 키득키득거리며 말했어요. 현수의 말에 태균이도 맞장구를 치고 있었지요. 그 때 현수와 함께 올라가던 민수가 말했어요.

"선생님이 부른 노래처럼 모래알이 쪼개지면 또 뭐가 되지? 쪼개진 게 또 쪼개지면 뭐가 되는 거야?"

"당연히 흙이 되겠지. 굉장히 고운 흙 있지? 먼지처럼 작은 크기로 말이야."

현수는 키득대던 웃음을 멈추고 눈앞의 먼지를 휙휙 잡는 동작을 취하면서 말했어요. 태균이는 그 모습이 너무 웃겨서 한참을 웃었지요. 현수는 계속 이야기했어요.

"잘 봐. 우리가 밟고 다니는 땅도 따져 보면 흙으로 이루어져 있는 거잖아? 또한 이 세상의 건물 중에 흙으로 이루어지지 않는 것은 없어! 집이고 다리고 학교고 모두 계속 쪼개다 보면 결국 흙이라니까!"

그 때였어요. 갑자기 민수가 소리치며 말했어요.

"웃기는 소리 하지 마! 너는 사람의 몸 70%가 물로 되어 있다는 것도 모르냐? 그리고 이 지구의 70%는 바다라고! 그러니까 결국 다 사라지고 남는 것은 물뿐이야."

"그렇지만 물은 쪼갤 수가 없잖아."

"……."

현수의 질문에 민수는 아무 대답도 못하고 있었어요. 태균이는 좀 전부터 계속 이상하다고 여겼던 의문점을 말했어요.

"물질은 쪼개고 쪼개고 계속 쪼개면 결국 가장 작은 소립자가 나온다는 거잖아. 그런데 말이지 수학적으로 보면 1을 반으로 쪼개면 0.5가 되고, 0.5를 반으로 쪼개면 0.25가 되고, 0.25를 반으로 쪼개면 0.125가 되고, 0.125를 반으로 쪼개면 0.0625가 되고……. 아무리 크기가 작더라도 무한히 쪼개질 수 있는데 어떻게 흙이 이 세상에서 가장 작은 소립자라고 할 수 있어?"

"김태균! 그럼 물이 이 세상 모든 물질의 근원이라는 거야?"

현수는 섭섭한 목소리로 태균이를 향해 중얼거렸어요.

"아, 아니야. 왜 물도 수소와 산소로 이루어져 있다고 그랬잖아. 물이 되기 위해 구성하는 물질이 있으니까 그렇다고 할 수 없을 것 같아."

"이야! 김태균! 공부 좀 했는데? 크크. 너 만날 게임만 하느라 머리는 텅텅 비었는 줄 알았더니, 오우!"

"야, 너!"

민수는 자신을 잡으러 오는 태균이의 손을 피해 후다닥 교실로 들어가 버렸어요.

2 모나드가 뭐예요?

학원에서 돌아오자마자 태균이는 컴퓨터 앞에 앉았어요. 오늘은 학교에서도, 학원에서도 어제 했던 미로 게임 생각으로 공부에 집중을 하지 못한 날이에요.

"오늘은 꼭 기록을 깨야겠어. 모나드였나? 또 나타나기만 해 봐. 코를 납작하게 해 줄 테니……."

그런데 이게 웬일일까요? 태균이가 그 생각을 하면서 어제 했던 게임 사이드에 들어갔더니 곧바로 대화창이 뜨는 거예요. 마치

태균이를 기다리고 있기라도 했다는 듯이 말이에요. 더구나 상대
방이 바로 모나드였다니 더욱 놀랍지 뭐예요.

　　— 모나드 : 오늘도 나와 대결할까?

'흐흥, 좋아. 거절할 이유가 없지.'
태균이도 얼른 대화창에 글을 써넣었어요.

　　— 내 멋대로 : 그렇잖아도 기다리고 있었다. 어제의 굴욕을 갚
　　　을 차례다. 각오해.
　　— 모나드 : 호! 대단한데? 기대가 되네. 하지만 과연 나를 이길
　　　수 있을까?

상대방은 여전히 여유가 있었어요. 아무래도 태균이의 화를 돋
우려는 작전 같아요.
　　드디어 게임 시작!
　　컴퓨터 자판을 두드리는 태균이의 손놀림이 점점 빨라졌어요.
시간이 흐를수록 태균이는 좋은 예감이 들었어요. 뭔가 해낼 것

같은 느낌이라고 할까요?

'어어? 이게 웬일? 내가 이길 것 같아!'

태균이의 점수가 앞서 가기 시작했어요. 시간은 30초 남짓 남았어요.

5초, 4초, 3초…….

'마지막 1초까지 최선을 다해서!'

태균이의 이마에 땀이 송골송골 맺혔어요.

아! 게임이 끝났고 마침내 태균이가 이겼어요.

"만세!"

태균이는 두 손을 번쩍 치켜들며 천장이 들썩일 정도로 크게 소리쳤어요. 정말 눈물이 날 정도로 기뻤어요.

다시 모나드의 대화창이 떴어요.

― 모나드 : 축하해. 처음으로 나를 이겼군. 하지만 소 뒷걸음치다가 쥐 잡은 셈이야. 너무 우쭐대지 마.

― 내 멋대로 : 내 승리를 인정하지 않는다는 거야?

― 모나드 : 한 번의 승리로 실력을 판가름할 수는 없잖아? 삼세판이라는 말도 있듯이.

— 내 멋대로 : 그럼 더 해볼까? 진짜 실력이 어떤지?

— 모나드 : 오케이! 나도 이대로 물러설 수는 없지.

모나드도 호락호락하지 않았어요. 그리하여 태균이는 모나드와 두 번이나 더 게임을 했어요.

하하하! 뜻밖이었어요. 어젯밤 좋은 꿈을 꾸지도 않았는데 태균이가 연속으로 두 번 모두 이긴 거예요. 전부 세 번을 이긴 셈이니 이제야 태균이의 실력이 드러나는 걸까요?

'그럼 그렇지. 게임 왕 김태균은 아직 살아 있어.'

태균이는 자신이 무척 대견스러웠어요.

— 모나드 : 정말 축하해. 대단한 실력이군. 여태까지 이 게임에
   서 나를 이긴 사람은 없었는데.

모나드의 진심이 느껴져서 태균이도 어느 정도는 마음이 누그러졌어요.

— 내 멋대로 : 오늘 내 컨디션이 좋았나 봐. 학교에서부터 손가

각이 간질간질했거든. 그리고 컴퓨터가 나를 부르는 소리가 들렸었어.

— 모나드 : 재미있는 상상이군. 그런데 네 대화명은 왜 '내 멋대로'야?

— 내 멋대로 : 이름 그대로야. 무슨 일이든 내 마음대로 하고 싶으니까. 어른들은 뭐든지 내가 하고 싶어 하는 일을 막아 버려. 빨리 내 마음대로 할 수 있는 어른이 되고 싶어서 이런 대화명을 지었어.

— 모나드 : 마음대로 한다는 게 다 좋은 건 아니야. 사람이란 자기가 한 행동에 책임을 져야 하거든. 그리고 어른이라고 뭐든지 마음대로 할 수는 없을걸.

그 순간 태균이는 어쩌면 '모나드'가 나 같은 아이가 아니라 어른일지도 모른다는 생각이 들었어요. 하지만 거기에 대해 굳이 묻지 않기로 했어요. 본인이 먼저 이야기하지 않는데 태균이가 굳이 그에 대한 질문을 할 필요는 없잖아요? 그리고 만에 하나 모나드가 어른이라는 사실이 밝혀진다면 대하기가 껄끄러울 것 같았어요.

그래서 태균이는 화제를 다른 곳으로 돌렸어요.

– 내 멋대로 : 참, 어제부터 궁금했었어. 네 이름은 무슨 뜻이
  야? 모나드? 처음 보는 단어야.
– 모나드 : '모나드'는 그리스어 '모나스'에서 나온 말이야. 그
  뜻을 설명하자면, '나누어질 수 없다', '단순하다', '하나'라는
  뜻이지. 그러니까 더 이상 쪼개질 수 없을 정도로 단순한 것
  이라고 할 수 있어.
– 내 멋대로 : '더 이상 쪼개질 수 없을 정도로 단순한 것!?'

태균이는 과학 시간이 끝난 후에 친구들과 나누었던 이야기가
떠올랐어요.

– 내 멋대로 : 그게 어떤 거야? 내 생각에는 흙이나 물과 같은
  것은 아닌 것 같은데…….
– 모나드 : 맞아, 모나드는 눈에 보이고 손에 잡히는 물질이 아
  니야. 물질적인 존재는 그 크기가 아무리 작은 소립자라고 해
  도 더 작은 부분으로 나누어질 수 있거든. 흙도 더 작게 쪼갤

수가 있어. 그리고 더 나누어질 수 있다면 그것은 이미 '단순하다'고 말할 수 없어.

태균이는 대화 내용의 방향이 갑자기 공부 쪽으로 가는 게 못마 땅했어요. 그리고 조금 헷갈리기도 했어요.

— 내 멋대로 : 모나드가 물질이 아니라면…… 영혼인가?
— 모나드 : 맞았어!
— 내 멋대로 : 맞았다구? 나는 그냥 해 본 말인데……. 그런데 모나드에 대한 이야기는 어디에서 나온 거야? 확실한 근거가 있어?
— 모나드 : 철학적 이론이야. 모나드 론이라는 라이프니츠의 철학 이지. 라이프니츠는 이 세상의 모든 것을 구성하는 근원적 요 소는 물질이 아니라 비물질적인 모나드라는 주장을 폈거든.
— 내 멋대로 : 라이프니츠?

생소한 인물이었어요. 하긴 태균이가 알고 있는 철학자는 소크 라테스와 플라톤 등 손가락에 꼽을 정도긴 하지만요.

나무의

모나드

돌의
나드

모나드

- 모나드 : 라이프니츠에 대한 설명은 다음에 할게. 지금 네가 알고 싶어 하는 것은 '모나드란 무엇인가'잖아?

- 내 멋대로 : 그래.

- 모나드 : 모나드란 쉽게 말하면 구체적인 사물 하나하나의 설계도라고 할 수 있어. 그 설계도에 따라 구체적인 모습을 드러낸 것이 각각의 사물이야. 설계도 안에는 구체적인 사물의 특성 및 그 사물에게 일어났고, 일어나고 있고, 일어날 모든 사건들이 모두 기록되어 있지. 예를 들면, 내 멋대로가 어떤 성격을 가지고 있고 누구의 아들이고 누구의 동생이며 어떤 학교에 다니고 어떤 과목을 좋아하고 앞으로 커서 무슨 직업을 가지고 살아가는 것 등과 같은 내 멋대로의 모든 성질 및 내 멋대로에게 일어나는 모든 사건들에 관한 모든 정보가 프로그래밍 되어 있는 것이 바로 내 멋대로의 모나드라고 할 수 있어.

- 내 멋대로 : 알 것도 같고 모를 것도 같네.

- 모나드 : 알기 쉽게 설명하면, 모나드는 유전자에 비유할 수 있어. 모든 생명체에는 유전자가 있고 그 유전자 안에 있는 유전정보가 구체적으로 드러난 것이 개별적인 생명체라는 것

은 알고 있지?

— 내 멋대로 : 그 정도는 알고 있어.

— 모나드 : 유전자와 마찬가지로 모든 존재하는 것에는 모나드
가 있고 모나드에 프로그래밍 되어 있는 정보들이 구체적인
모습으로 나타난 것이 개별적인 사물이라고 할 수 있어.
차이가 있다면, 유전자는 물질적인 것이지만 모나드는 물질
이 아닌 영혼이라는 것, 그리고 유전자는 생명체에만 있으나
모나드는 생명체뿐 아니라 모든 것들 안에 있다는 점이지.

— 내 멋대로 : 모든 것들 안에…… 그럼, 내 모나드도 있고, 강
아지의 모나드도 있고, 나무의 모나드도 있고, 돌의 모나드도
있다는 거야?

— 모나드 : 그렇지, 더 정확히 말하면 각각의 모나드 때문에 네
가 있고 강아지가 있고 나무가 있고 돌이 있는 거라고 할 수
있어.

— 내 멋대로 : 그럼, 모나드는 물질이 아니라 영혼이라고 했으
니까 강아지도, 돌도 영혼을 가지고 있다는 거야?

— 모나드 : 그렇지.

— 내 멋대로 : 이해할 수 없어. 강아지, 아니 그래 많이 양보해

서 나무까지는 그렇다고 쳐도 돌멩이가 영혼을 가지고 있다
는 것은 받아들일 수 없어. 영혼이 있다면 무엇인가를 지각하
거나 의식한다는 건데, 돌멩이는 그렇지 않잖아.

— 모나드 : 겉으로 드러난 현상만으로 성급하게 판단하지 말고,
논리적 일관성을 염두에 두고 추론을 해 봐. 라이프니츠는 자
연에는 연속적인 과정이 있을 뿐, 단절이나 비약이란 없다는
확신을 가지고 있었어. 생각해 봐. 자연에 없던 영혼이 어느
순간 갑자기 나타났다는 것이 더 이상하지 않니? 무슨 요술도
아니고. 오히려 라이프니츠는 식물이나 광물에게도 영혼이
있는데 그 활동이 0에 수렴할 정도로 너무도 미약해서 영혼이
전혀 없는 것처럼 보일 뿐이라고 추론했던 거야.

태균이는 모나드의 이야기를 들으니 이제야 라이프니츠의 생각
을 어느 정도 따라갈 수 있었어요.

— 모나드 : 오늘은 여기까지! 한꺼번에 너무 많은 내용을 알려
주면 네가 이해하기 벅찰 거야. 너를 만날 때마다 모나드에 대
한 이야기를 조금씩 해 줄게. 어쨌든 오늘 배웠던 내용 중에

가장 중요한 것은 뭐라고 생각하니?

— 내 멋대로 : 모나드는 영혼이다.

— 모나드 : ^^

3 대화명 모나드, 그에 대한 의문

몇 분 동안 모나드와 채팅을 하다 보니 모나드와 서먹서먹했던 게 조금은 사라졌어요. 마치 오래전부터 알고 있던 친구처럼 느껴지는 거예요. 그래서 자연스럽게 소개를 시작했어요.

— 내 멋대로 : 모나드, 이제 지기의 본명을 얘기할까? 나는 김태균이라고 해. 초등학교 6학년이야.
— 모나드 : 나는 김동혁이야.

이상하게 모나드는 자기가 몇 학년이라는 이야기를 하지 않았
어요.

— 내 멋대로 : 몇 학년이야? 나보다 나이 많아?
— 모나드 : 글쎄……? 거기까지만!

모나드는 더 이상 자신에 대한 이야기를 하지 않았어요.
'역시 뭔가 숨기고 있어.'
태균이는 그런 생각이 들었지만 더 캐묻지 않았어요.

— 모나드 : 이제 헤어질까?
— 내 멋대로 : 아니, 그렇게 하기에는 너무 아쉬워. 다른 게임으
    로 또 시합해 보자.
— 모나드 : 지치지도 않아?
— 내 멋대로 : 난 게임할 때만은 절대 지치는 법이 없어. 아니,
    오히려 기운이 펄펄 솟는다고.
— 모나드 : 그렇다면 게임 중독 수준인데?
— 내 멋대로 : 뭐? 게임 중독?

태균이는 순간 가슴이 철렁 내려앉았어요. 중독이라니, '중독' 하면 어쩐지 두려운 느낌이 들어요. 약물 중독, 알코올 의존증에 대한 거부감 때문일까요?

- 모나드 : 하하하, 너무 놀랐나 봐. 농담이야, 농담. 설마 중독 까지 됐겠어? 하지만 뭐든지 지나친 건 모자란 것만 못하다고. 계속 하고 싶어도 조금씩 시간을 줄이는 습관을 들여. 오늘 게임은 너무 오래한 것 같은데 이제 그만하지.
- 내 멋대로 : 몇 판만 더 해.
- 모나드 : 이제 그만하자니까

모나드는 거절했지만 태균이는 막무가내로 모나드를 졸랐어요. 결국 모나드는 태균이의 고집에 두 손 들고 말았어요.

- 모나드 : 알았어. 이번에는 다른 게임을 추천해 줄게.
- 내 멋대로 : 다른 게임? 에이, 나는 미로 게임이 좋은데……
- 모나드 : 이 게임 한 번만 하면 미로 게임은 생각도 안 날걸.

그러더니 모나드는 새로운 게임을 소개해 주었어요. 성에 갇힌 잠자는 공주를 찾아 헤매는 왕자의 모험이었어요.

— 내 멋대로 : 어? 잠자는 공주 이야기잖아?

— 모나드 : 맞아. 왕자가 성으로 가는 동안 많은 모험을 펼쳐야 해. 가는 곳곳마다 괴물이 있고, 우물이 있고, 막다른 길이 있고, 가시덤불이 있어. 그 밖에도 왕자의 갈 길을 막는 방해물이 나타나지. 그 방해물을 모두 물리치거나 피해야 성 안으로 들어갈 수 있어.

— 내 멋대로 : 재미있겠다.

태균이의 두 눈이 반짝 빛났어요. 새로운 게임에 도전한다는 사실에 흥미를 느낀 거예요. 태균이는 특히 이렇게 아슬아슬하고 스릴 넘치는 게임을 좋아하거든요.

잠자는 공주 게임은 미로 게임보다 더 복잡하고 흥미진진했어요. 모나드가 게임 방법을 알려 주었을 때는 쉽게 생각했는데 막상 게임을 하고 보니 여간 어려운 게 아니었어요. 하지만 모나드는 요리조리 방해물을 잘도 피하며 점수를 얻어 가는 거예요.

— 내 멋대로 : 아! 또 졌다.

— 모나드 : 하하하, 벌써 세 번째야.

— 내 멋대로 : 모나드, 너 정말 잘한다.

— 모나드 : 뭐, 이거야 보통이지.

— 내 멋대로 : 이 게임을 만든 사람이라도 이렇게 잘할 수는 없
   을 거야. 아니, 혹시 모나드가 이 게임을 만든 것 아냐?

태균이는 정말 그런 생각이 들었어요. 보통 사람이라면 이렇게
게임에 대해 훤하게 알 수 있을까요? 일반적인 게임 마니아의 수
준이 아니었어요.

— 모나드 : 내 실력이 그렇게 뛰어난가?

— 내 멋대로 : 물론이지. 나도 게임이라면 한 실력 하는데 도저
   히 따라잡을 자신이 없어. 특히 이 게임은 모나드의 발뒤꿈치
   도 못 따라가겠어.

— 모나드 : 그렇게 칭찬을 하니 쑥스럽다.

— 내 멋대로 : 도대체 비결이 뭐야? 비법을 전수해 줘.

— 모나드 : 갈수록 태산이네. 비법이랄 게 뭐 있겠어? 그냥 하

다 보니 그렇게 된 건데.

모나드는 겸손하게 말했지만 태균이는 믿기지 않았어요. 뭔가 숨기는 게 분명히 있다는 생각이 들었어요.

태균이는 계속 모나드에게 게임에서 점수를 얻는 방법을 물었지만 모나드는 자꾸만 대답을 피했어요.

그 때였어요. 현관문에 열쇠 꽂히는 소리가 들렸어요.

'우와! 엄마다!'

태균이는 얼른 대화창에 작별 인사를 써넣었어요.

— 내 멋대로 : 모나드, 오늘은 이만! 컴퓨터를 꺼야겠어. 엄마가 오신 것 같아.

태균이는 모나드의 답변은 보지도 않고 컴퓨터를 껐어요. 그리고 컴퓨터 옆에 있던 책을 들고 읽는 척했어요. 그와 동시에 현관문이 열리며 엄마가 들어왔어요.

"컴퓨터는 안 했겠지?"

엄마는 태균이 방에 들어오더니 감시의 눈초리로 방 안을 둘러

보았어요.

"예."

하지만 엄마는 태균이의 대답을 듣는 둥 마는 둥 하며 컴퓨터 앞으로 다가오더니 모니터 뒷면을 만지는 거예요. 금세 엄마의 눈초리가 날카로워졌어요.

"또 거짓말이니? 방금 전까지도 한 것 같은데? 모니터가 왜 이렇게 뜨뜻해?"

"그건……."

태균이는 어떻게 변명해야 할지 몰라서 쩔쩔맸어요.

"여태까지 컴퓨터를 했다는 증거잖아. 빨리 말 못해?"

"검색할 게 있어서…… 조금 했어요. 게임은 안 했어요."

태균이는 끝까지 게임은 안 했다고 발뺌을 했어요. 컴퓨터를 켠 증거는 있지만 게임을 한 흔적은 찾을 수 없을 테니까요.

"그래, 두고 보겠어. 이번 시험 성적을 보면 알겠지."

엄마는 확실한 증거를 잡지 못했기 때문에 더 이상 화를 내지 못했어요.

"너 영어 학원 갈 시간이잖아. 빨리 서둘러!"

"알았어요."

태균이는 모기만 한 목소리로 대답했어요.

엄마가 방에서 나가고 나서야 태균이는 안도의 한숨을 쉴 수 있었어요.

'후유, 큰일 날 뻔했다. 1초만 늦었어도 들킬 뻔했어. 방문을 열어 놓길 잘했지. 닫고 있었다면 현관문 열리는 소리도 못 들었을 거야.'

그나저나 엄마는 귀신같다는 생각이 들었어요. 어떻게 모니터 뒷면까지 만질 생각을 했을까요?

모나드로 이루어진 세계

'모나드'라는 말이 생소하죠?

모나드는 라이프니츠가 생각하는 이 세계를 구성하는 근원적 실체입니다.

더 어려워졌나요? 아마 그럴 겁니다. 실체라는 말 때문이겠죠?

실체는 여러분이 일상적인 삶 속에서는 잘 사용하지 않는 용어일 겁니다. 아니 어쩌면 한 번도 사용해 보지 않은 용어일지도 모릅니다. 하지만 뜻은 대충 알고 있으리라 생각합니다.

상황을 한번 설정해 볼까요?

친구의 태도가 불분명할 때, 아군인지 적군인지 모호할 때, 내 앞에서는 내 의견에 동조하다가도 다른 사람 앞에서는 내 의견에 반대할 때, 그 친구에게 이렇게 말할 수 있습니다.

"야, 넌 도대체 실체가 뭐야?" 또는 'A그룹 비자금 사건의 실체', '외환은행 매각의 실체적 진실' 등의 말을 신문에서 읽은 적이 있을 겁니다. 이 경우 실체란 겉으로 보이는 모습이 아니라 겉으로 드러나지 않고 속에 감추어진 진짜 모습, 진정한 모습이라고 할 수 있죠.

철학에서도 실체라는 용어는 그런 뉘앙스를 갖고 있어요. 실체는 세계의 근원으로 진실로 존재하는 것입니다. 그러니까 실체에 대한 탐구란 바로 진정한 실재, 보이지 않는 이 세계의 진짜 모습에 대한 탐구입니다.

라이프니츠 자신이 생각하는 실체에 붙인 이름이 모나드입니다. 모나드monade란 그리스어의 모나스monas로부터 유래한 용어로 '하나', '단순함', '나눠질 수 없음'을 뜻합니다. 그 말은 무엇보다도 실체가 복합체가 아니라는 뜻, 더 이상 쪼개질 수 없을 정도로 단순하다는 의미를 함축하고 있어요. 한마디로 실체 즉, 모나드의 본성은 단순함이라고 할 수 있어요. 이것이 라이프니츠의 모나드 이해에서 가장 중요하다고 할 수 있습니다.

그럼 단순함을 기본으로 하는 실체인 모나드란 어떤 것일까? 모나드가 구체적 사물일 수는 없어요. 왜냐하면 구체적 사물들은 모두 부분으로 나누어질 수 있는 복합체이기 때문이죠.

그럼 모나드는 더 이상 분할될 수 없는 원자와 같은 소립자라고 말할 수 있을까요?

라이프니츠는 모나드가 원자와 같은 물질적 구성 요소라는 사실을 부정해요. 왜냐하면 원자와 같은 소립자는 물리적인 크기를 가지고 있을 수밖에 없고 그 크기가 아무리 작은 소립자라 하더라도 이론적으로 그것이 물질이라 한다면 더 작은 부분으로 나눠질 수 있기 때문이죠. 나눠질 수 있는 한 그것은 단순하다고 할 수 없으니까요. 따라서 모나드는 우리가 감각으로 경험할 수 있는 물질적 차원의 존재가 아니라는 것을 알 수 있어요. 라이프니츠의 이론으로써 이 세계를 구성하는 근원적인 요소인 모나드는 물질적 차원의 존재가 아니라 비물질적 차원의 것입니다. 그래서 일단 모든 모나드는 영혼이라고 할 수 있습니다. 예를 들면, 내가 길가의 가로수를 보고 있다고 가정해 보지요. 내가 보고 있는 가로수는 그것의 진정한 모습, 즉 실체가 아니라는 것입니다. 가로수의 실체는 비물질적인 정보의 형태로 가로수 속에 들어 있다는 겁니다. 그것을 라이프니츠는 '가로수의 모나드'라고 불렀고 넓은 의미에서 '가로수의 영혼'이라고 불렀던 것이지요.

모나드 이야기는 약간 황당한 것 같습니다. 하지만 모나드를 유전자와 비교해서 생각하면 상당히 과학적인 이야기가 됩니다. 모든 생명체는 유전자를 가지고 있고 그 유전자 안에 있는 유전정보가 발현된 것이 개별적인 생명체입니다. 마찬가지로 모든 존재하는 것은 모나드를 가지고 있고, 라이프니츠는 모나드에 내장되어 있는 정보들이 발현된 것이 구체적인 개체라고 주장하는 겁니다. 차이가 있다면 유전자는 물질적인 것이지만, 모나드는 물질을 수반하긴 하지만 본래는 정신적 실체요, 영혼이라는 것입니다. 그리고 유전자는 생명체에게만 있으나, 모나드는 모든 존재자, 즉 그것이 인간이건 동물이건, 식물이건, 광물이건 간에 그것의 본질로서 존재한다는 것이 다르다고 할 수 있어요.

라이프니츠에게 있이시는 영혼이 무엇인기를 지각하고 변화하게 하

는 힘이기에 인간, 동물, 식물은 물론이고 광물까지도 모두 동적인 것이요 살아 있는 것으로 간주합니다. 물론 광물은 영혼의 활동성이 아주 미약한, 다시 말해서 활동성이 0으로 수렴하는 생명체라고 할 수 있습니다. 그래서 라이프니츠는 자연을 죽어 있는 것으로 간주했던 데카르트와 달리 자연은 생명으로 충만하다고 이야기하고 있습니다.

"물질의 각 단면은 식물이 가득한 정원으로 이해할 수 있고 또 물고기가 가득한 연못으로 이해할 수도 있다. 더욱이 식물의 가지 하나하나, 동물의 신체 기관 하나하나, 그리고 그 체액 한 방울 한 방울이 이미 그러한 정원이며 그러한 연못이다."

데카르트는 죽어 있는 무기물의 관점에서 살아 있는 유기체를 이해하려고 했다면, 라이프니츠는 유기체의 관점에서 무기물을 이해하려고 했다고 할 수 있죠.

신은 위대한 프로그래머

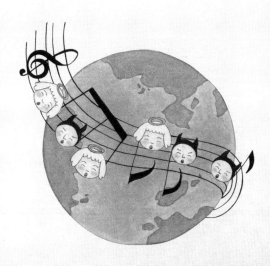

1. 뜻밖의 행운
2. '모나드 님'의 정체
3. 게임에 숨겨진 비밀
4. 이 세계는 신이 만든 프로그램

 잠은 영혼이 사라진 상태 ─라이프니츠

1 뜻밖의 행운

'모나드 말대로 나는 정말 게임 중독일까?'

태균이는 아침에 힘겹게 일어나며 그런 생각을 했어요. 언제부터인가 아침에 일어나는 게 그리도 힘들 수가 없었어요. 학교나 학원에서도 수업시간에 졸기 일쑤고, 설사 졸지 않더라도 선생님 말에 집중하기가 힘들었어요.

그게 모두 게임하느라 밤늦게까지 잠을 자지 않기 때문이라는 걸 태균이도 잘 알아요. 그러면서도 자신의 생활에서 게임을 떼어

내기가 힘듭니다. 집에 왔다 하면 습관적으로 컴퓨터 앞에 앉게 되고 인터넷만 했다 하면 게임 사이트에 들어가 있는 자신을 발견하게 돼요. 그리고 일단 게임만 시작하면 시간이 가는 줄도 모르고 게임에 집중하지요. 이러지 말아야지 생각은 하지만 실행에 옮기기가 무척 힘들어요.

"공부를 그렇게 하면 1등을 하겠고, 피아노를 그렇게 치면 피아니스트가 되겠다. 공부를 좀 그렇게 해 봐라."

엄마와 아빠가 늘 하는 잔소리예요.

게임만 한다는 이유로 아빠에게 종아리를 여러 번 맞기도 했어요. 하지만 매를 맞고도 며칠만 조심할 뿐 시간이 가면 다시 게임을 하지요.

'이제 정신을 좀 차리자.'

독하게 마음먹고 책상에 앉으려 하면 게임에 대한 생각이 슬금슬금 자리를 잡는답니다.

'세윤이가 굉장히 재미있는 게임이 나왔다고 하던데……'

그 생각까지 하면 더 이상 게임의 유혹을 떨쳐 내기 어려운 거예요.

그러던 어느 날이었어요. 태균이는 집으로 들어오는 길에 우편함을 점검하다가 자신에게 온 우편물을 보게 되었어요.

"응? 이게 뭐지?"

태균이는 궁금한 마음으로 우편물을 뜯어보았어요.

김태균 님,

안녕하세요?

저희 회사의 창립 10주년 기념 이벤트에 응모해 주셔서 참으로 감사합니다.

귀하는 이번 행사에 3등으로 당첨되었습니다.

부상으로 게임 회사를 견학할 수 있는 초청장을 드립니다.

어떤 게임 회사라도 견학할 수 있음을 알려 드립니다.

진심으로 축하드리며 좋은 추억이 되기 바랍니다.

"오, 예!"

편지를 읽은 태균이는 하늘에라도 날아오를 것처럼 그 자리에서 펄쩍 뛰었어요. 기억도 가물가물했던 경품 행사였는데 당첨이라니요? 정말 호박이 닝굴째 굴러 들어온 기분이었어요.

초청장을 천천히 꼼꼼하게 읽어 보니 '동반 2인까지 가능'이라는 문구가 적혀 있었어요.

"그러면 친구 두 명도 같이 갈 수 있다는 거잖아? 누구를 데려가지?"

곰곰이 생각해 보았어요. 게임이라면 사족을 못 쓰는 세윤이와 민수가 떠올랐어요.

'자식들, 이 소식을 들으면 굉장히 좋아할 거야.'

다음 날 태균이는 학교에 가자마자 세윤이와 민수에게 달려갔어요.

"너희들, 이 형님한테 한턱내야겠다."

"갑자기 무슨 말이야?"

세윤이와 민수는 영문을 몰라서 태균이의 얼굴만 멀뚱멀뚱 쳐다보았어요.

"친구 하나 잘 둔 덕에 너희들이 게임 회사에 견학 갈 수 있게 되었단 말이야."

태균이는 초청장을 꺼내서 두 친구 앞에 흔들어 보였어요. 자초지종을 듣고 난 세윤이와 민수도 펄쩍펄쩍 뛰며 진심으로 기뻐했어요.

"야, 태균이가 게임을 열심히 한 보람이 있구나. 이런 행운도 굴러 들어오고. 역시 지성이면 감천이야."

"누가 아니래? 태균아, 이게 꿈이냐 생시냐?"

"친구 따라 강남 간다더니 우리가 태균이 덕분에 게임 회사에도 가 보게 생겼네. 거기에 가면 별의별 신나는 게임도 다 해 볼 수 있겠지?"

세윤이와 민수는 신이 나서 떠들어 댔어요.

그러던 세윤이가 뭔가 생각난 듯 물었어요.

"그런데 어느 회사로 견학 갈 거니? 게임 회사도 많잖아?"

"걱정 마. 그러잖아도 내가 점찍어 둔 회사가 있어."

태균이가 거만한 표정으로 어깨를 으쓱했어요.

"어딘데?"

"그건 이따가 수업 끝나고 이야기해 줄게. 너희들, 오늘 한턱내야 해?"

"물론이지."

세윤이와 민수가 대답했어요.

그날 학교 수업이 끝나고 태균이, 세윤이, 민수는 학교 앞 분식점으로 들어갔어요. 세윤이와 민수가 돈을 모아서 떡볶이, 어묵,

튀김을 주문했어요.

　마음이 좋아 보이는 분식점 아줌마가 푸짐하게 음식을 내왔습니다.

　"태균아, 마음껏 먹어. 모자라면 더 시키면 되니까."

　세윤이가 말하기 무섭게 태균이는 허겁지겁 떡볶이를 먹기 시작했어요.

　"음, 맛있어. 이 집 떡볶이가 최고라니까."

　떡볶이는 달콤하면서도 매콤해서 태균이 입맛에 딱 맞았어요.

　세 사람은 입가에 고추장까지 묻혀 가며 떡볶이를 먹고, 가끔 매운 맛을 가라앉히기 위해 튀김도 집어 먹었어요.

　"어느 게임 회사에 견학 가려고 하는데?"

　민수가 물었어요.

　"요즘 내가 즐겨 하는 게임이 있거든. 그 게임을 만든 회사에 가려고 해. 그 게임을 하면서 모나드도 만났지."

　태균이는 어묵 국물을 후루룩 마시며 대답했어요.

　"모나드라니?"

　세윤이가 귀를 쫑긋 세우며 의아한 표정을 지었어요.

　"아, 나와 함께 게임했던 사람의 대화명이야."

"희한한 대화명이네."

"응. 그런데 게임을 굉장히 잘해. 이 김태균을 몇 번이나 이겼다니까!"

"정말? 와, 대단하다. 김태균을 이겼다면, 그것도 몇 번이나 이겼다면 보통 실력이 아닌데 말이야."

민수가 감탄하듯 말했어요.

"맞아, 은근히 기분 나쁘단 말이야. 하지만 좋게 생각하기로 했어. 만만치 않은 라이벌을 만나면 내 실력도 그만큼 향상될 거 아냐? 사실 나만의 독주는 외로웠어. 발전도 없었고."

태균이는 겉으로 태연한 척했지만 속마음은 그렇지 않았어요. 언제고 이 마음의 빚을 갚을 거라고 다짐하는 중이었어요.

어느새 음식을 다 먹어서 접시가 깨끗했어요. 후식으로 콜라 한 병을 마시면서 대화는 계속 이어졌어요. 세윤이가 물었어요.

"게임 회사 견학은 언제 가면 좋을까?"

"'쇠뿔도 단김에 빼라'는 속담이 있지? 내친김에 이번 주말에 가는 게 좋을 것 같은데. 더구나 그날은 노는 토요일이잖아? 그때 시간낼 수 있어?"

태균이의 제안에 세윤이와 민수는 서로 얼굴을 마주 보더니 고개를 끄덕였어요.

"좋아. 정했다. 이번 주 토요일에 점심 먹고 나서 두 시에 만나도록 하자."

"그런데 네가 가려는 게임 회사에 미리 전화를 해야 하지 않을까? 그래야 게임 회사에서도 일정을 잡을 수 있어서 무리가 없을 것 같은데……."

역시 민수는 철두철미했어요. 태균이가 미처 생각하지 못한 부분을 짚어 냈으니까요.

"그렇군. 알았어. 내가 집에 가자마자 게임 회사에 전화해 볼게. 만일 계획이 변경되면 너희들한테 연락할게."

세 아이는 자리에서 일어나 각자의 집으로 향했어요.

태균이는 집에 도착한 즉시 게임 회사에 전화를 걸었어요. 인터넷에서 본 전화번호 그대로 번호판을 눌렀어요.

신호음이 가더니 젊은 남자의 목소리가 전화선을 타고 들려왔어요.

"예, 감사합니다. 신바람 게임 회사입니다."

"안녕하세요? 저는 서교동에 사는 김태균이라고 하는데요. 이벤트 회사에서 3등으로 당첨돼서 게임 회사를 견학할 수 있는 초청장을 받았어요. 어느 게임 회사든 원하는 곳을 견학할 수 있대요. 저는 신바람 게임 회사로 견학 가고 싶은데 괜찮을까요?"

"예, 물론이지요. 언제쯤 몇 분이 견학 오실 예정인가요?"

"이번 주 토요일 두 시에 가려고 하고요. 저를 포함해서 세 명이 갈 계획이에요."

"알겠습니다. 접수를 해 놓을 테니 주소와 성명, 연락처 좀 알려 주세요. 저희가 회사의 약도와 교통편을 우편으로 알려 드리겠습니다. 그리고 같이 갈 분들의 성함도 말씀해 주세요."

태균이는 자신의 주소와 성명, 전화번호, 그리고 세윤이와 민수의 이름도 함께 알려 주었어요.

이렇게 해서 모든 준비는 완료되었어요.

전화를 끊는 태균이 마음은 두방망이질하듯 콩닥콩닥 뛰었어요. 새로운 모험의 세계로 걸어 들어가는 느낌이었거든요.

2 '모나드 님'의 정체

"이 근처인 것 같은데……."

버스에서 내린 태균이, 세윤이, 민수는 정류장 근처를 서성거렸
어요.

토요일에 점심을 먹고 곧바로 게임 회사로 찾아가는 길이었어
요. 하지만 정류장 근처에는 게임 회사라고 생각되는 건물은 보이
지 않았어요.

민수는 태균이가 들고 있는 약도를 들여다보았어요.

"잠깐, 약도 좀 자세히 보자. 정류장은 맞아. 정류장 맞은편에 있는 골목으로 들어가라는데? 100m쯤 가라고 적혀 있네."

"그렇구나."

세 아이는 횡단보도를 건너서 바로 보이는 골목으로 천천히 들어갔어요.

"그나저나 너희들 여기 오는데 대체 엄마, 아빠한테 뭐라고 말씀드렸니?"

태균이가 물었어요.

"난 사실대로 말씀드렸어. 그런데 엄마는 달갑지 않으신가 봐. 그런 곳은 뭐하러 가느냐고 하시던걸."

세윤이가 시무룩하게 대답했어요.

"그럴 줄 알고 나는 그냥 친구 집에 간다고 했어. 우리 엄마는 겁이 많은 편이라서 내가 낯선 곳에 가는 걸 싫어하시거든. 더구나 게임 회사라고 하면 더 싫어하실 거야. 우리 엄마는 게임을 무슨 불량 만화나 불량 식품처럼 생각하시니까. 태균이 너는?"

민수가 묻자 태균이가 쑥스러운 듯 대답했어요.

"솔직히 말씀드렸지. 엄마가 우편물을 보셨거든. 섣불리 거짓말했다가 나중에 들통 나면 더 혼나."

그러는 사이에 세 아이는 골목 안으로 한참을 들어갔어요.

그곳에는 넓은 공터가 자리 잡고 있었는데, 세 아이의 눈에 공터 뒤쪽으로 서 있는 초록색 건물이 확 들어왔어요.

"저건가?"

"글쎄……."

세 사람은 건물 앞으로 선뜻 다가갈 수가 없었어요. 그도 그럴 것이 일반적으로 보아 왔던 건물의 모습이 아니었으니까요.

그 건물은 시간과 공간을 초월한 4차원 세계에서나 있을 법한 모습을 갖추고 있었어요. 4층 높이의 건물이었는데, 전면이 검은 유리로 뒤덮여 있고 전체적인 건물의 모습은 유선형이었어요. 언뜻 보면 우주선을 연상시키는 모습이었어요.

"아무래도 저기 같지?"

"가까이 가 보자."

건물 앞으로 가까이 다가갔던 세 아이는 동시에 걸음을 멈추었어요. 문이 잠겨 있었던 거예요.

"어떻게 들어가지? 문이 또 있나?"

태균이는 문 주위를 살펴보았어요. 문 오른쪽에 빨간 초인종이 보였어요. 초인종 옆에는 '신바람 게임'이라는 간판이 붙어 있었어요.

"여기가 맞다. 봐, '신바람 게임'이라고 써 있지? 이 초인종을 눌러야 하나 봐."

태균이가 초인종을 누르려는데 세윤이가 막았어요.

"잠깐만!"

"왜 그래?"

"좀 이상하지 않니? 왠지 으스스한 기분이 들어. 또 너무 조용하고……."

"맞아, 나도 그런 걸 느꼈어."

민수도 의심스럽다는 듯 사방을 두리번거렸어요.

"여기까지 와서 왜 망설이니? 그렇게 겁이 많으면 아무것도 못한다고 생각해."

태균이가 나무라듯 말했지만 세윤이와 민수는 여전히 못 미덥다는 표정이었어요.

"이곳에 들어가면 혹시 4차원 세계로 빠져 들어가는 것 아냐?"

세윤이가 말했어요.

"설마……."

말은 그렇게 했지만 태균이도 솔직히 미심쩍은 생각이 들었습니다.

그 때였어요. 초인종 옆에 있는 인터폰에서 목소리가 흘러나왔어요.

"혹시 김태균 님이신가요?"

"예? 예."

태균이가 얼떨결에 큰 소리로 대답했어요.

"기다리고 있었습니다. 잠시만 기다리세요."

그러더니 '지잉지잉' 소리가 나며 문이 양쪽으로 열렸어요.

"들어가자."

태균이가 말했지만 세윤이와 민수는 여전히 머뭇거리기만 할 뿐 들어가지 못하고 있었어요.

"안 들어가?"

"들어가도 될까?"

세윤이가 살짝 건물 안을 들여다보며 말했어요.

"야, 사내자식들이 그렇게 겁이 많아서 어떻게 하려고 그래? 목소리를 들어보니까 게임 회사에 전화했을 때 들었던 목소리와 똑같아. 걱정 말고 들어가자."

태균이가 세윤이와 민수를 억지로 밀다시피 하면서 안으로 들어갔어요.

게시판에는 새로 출시되는 게임 포스터가 빼곡하게 붙어 있었어요.

"맞네, 뭐. 내가 했던 게임 포스터도 보이고."

그제야 세윤이와 민수도 조금이나마 마음을 놓는 눈치였어요.

그때 엘리베이터 문이 열리며 젊은 남자가 나타났어요.

세 아이는 남자가 갑자기 나타나서 깜짝 놀랐어요. 그래서 동시에 "앗!" 하고 소리를 지르고 말았답니다.

젊은 남자는 이제 갓 스물이 넘었을까 말까 한 앳된 얼굴을 하고 있었고 키가 큰 편이었어요.

"하하하, 많이 놀랐니? 아무래도 이곳이 처음이라 들어오기 어려워할 것 같아 직접 데리러 내려왔어."

"안녕하세요?"

세 아이는 긴장한 얼굴로 젊은 남자에게 인사를 했어요.

"오느라 고생 많았지? 아마 오늘 유익한 시간을 보낼 수 있을 거야. 나를 따라오렴."

아이들은 젊은 남자를 따라 엘리베이터 안으로 들어갔어요.

"이곳은 철저한 보안을 생명으로 하기 때문에 계단이 없어. 엘리베이터는 이 회사 사람만 인식하기 때문에 외부 사람들만 타면 경고음이 울려. 지금은 내가 동승하고 있어서 조용한 거야."

젊은 남자의 설명을 듣던 민수가 물었어요.

"오늘 견학하는 사람은 몇 명이나 되나요?"

"너희들 세 명 뿐이야."

"예? 저희는 다른 사람들도 올 줄 알았는데……. 저희가 와서 일에 방해가 된 건 아닌가요?"

태균이가 미안해 하며 물었어요.

"괜찮아. 어차피 오늘은 쉬는 날인걸."

"아니, 쉬는 날인데 견학을 허락하신 거예요? 그러니까 더 미안해지는데요?"

"그렇게 생각하지 마. 너희 같은 어린이들이야말로 우리 회사의 고객·아니니? 이런 일이야 당연히 서비스 차원에서 할 일인걸."

이야기를 하는 동안 엘리베이터가 멈췄어요. 4층이었어요.

"자, 이제 내리자. 여기가 사무실이야."

젊은 남자의 안내로 세 아이는 사무실에 들어섰어요. 사방이 하얀 벽지로 꾸며져 있었고 몇 개의 책상 위에는 컴퓨터와 노트북,

전화, 팩스, 그리고 컴퓨터 게임 잡지가 놓여 있었어요.

"어? 밖에서는 유리가 새카맣게 보였는데 여기서는 밖이 환하게 보이네?"

태균이가 뭔가 대단한 것을 발견한 듯 소리쳤어요.

"그래. 내부 구조를 보여 주지 않기 위해 그런 유리창을 끼웠지. 밖에서는 안이 전혀 보이지 않지만, 이 안에서는 밖이 환하게 잘 보이는 유리야. 그리고 사무실은 4층에 있고, 3층까지는 게임 프로그램을 만들기 위한 제작실과 실험실 등이 갖추어져 있어."

한참 이야기를 듣던 민수가 생각난 듯 물었어요.

"그런데 아저씨는 누구신가요?"

"참, 미처 내 소개를 못했구나. 내 이름은 김동혁이야. 신바람 게임 회사의 운영자이며 게임을 개발하는 프로그래머이기도 하단다. 아, 한 가지 덧붙일 게 있어. 게임 대화명은 모나드!"

그 순간 세 아이는 깜짝 놀랐어요. 이렇게 젊은 사람이 사장일 줄은 상상도 못했거든요. 특히 태균이의 놀라움은 더욱 컸어요.

'모나드? 모나드라고? 이 아저씨가 모나드?'

망치로 뒤통수를 얻어맞은 듯 머리가 띵했어요.

모나드, 아니 동혁이 아저씨는 그런 태균이의 마음을 알아챈 듯 태균이를 향해 윙크를 날렸어요. 너무나 잘생긴 젊은 아저씨였어요. 태균이는 놀라서 입을 다물지 못하고 멍하니 모나드 아저씨를 쳐다보았답니다.

3 게임에 숨겨진 비밀

"아저씨가 정말 모나드예요?"

태균이가 입을 크게 벌린 채 동혁이 아저씨를 보았어요. 믿을 수 없다는 표정이 역력했어요.

"그렇다니까. 많이 놀랐나 보구나. 나 역시 우리 회사에 견학 오려는 학생이 김태균이라는 사실에 무척 놀랐단다. 혹시 동명이인이 아닌가 생각했는데 내가 모나드라는 걸 알고 놀라는 걸 보니 역시 너였구나. 그러고 보니 우리는 인연이 참 깊구나."

동혁이 아저씨가 부드러운 미소를 지으며 말했어요.

태균이는 이런 상황이 무척 신기하게 느껴졌어요. 이런 우연의 일치가 있을까요? 게임 사이트에서 만난 사람을 실제로 만나게 되다니요.

"전 그런 줄도 모르고 채팅하면서 내내 반말을 했네요. 정말 죄송해요."

솔직히 어른일지도 모른다는 생각을 하긴 했지만 게임 회사 사장일 줄은 꿈에도 몰랐어요. 어쨌든 이 자리에서는 어른일 줄은 몰랐다고 얘기해야 예의겠지요.

"괜찮아. 내가 나이를 밝히지 않았으니 그럴 수밖에 없지. 또 네가 반말할 때 아무 제지도 하지 않았잖아? 솔직히 말하면 너와 게임을 할 때 나도 내가 어른이라는 사실 자체를 잊어버렸단다."

태균이와 동혁이 아저씨의 대화를 듣던 세윤이와 민수는 그제야 어떤 상황인지 깨닫게 되었어요.

"그러고 보니 태균이 네가 며칠 전에 얘기했던 모나드가 이 아저씨야? 게임할 때 너를 몇 번이나 이겨서 강적이라고 말했잖아."

"응."

태균이는 쑥스러운 듯 대답했어요.

생각해 보니 동혁이 아저씨가 태균이보다 게임을 훨씬 잘했던 것은 당연한 결과였어요. 태균이가 했던 게임을 직접 만든 사람이니 그 게임에 대해 누구보다 잘 알고 그 게임에 익숙한 사람일 테니까요.

"자, 우선 자리에 앉아라. 다리도 많이 아플 텐데……."

아닌 게 아니라 한참 버스를 타고 온 데다 많이 걸어서 다리가 아팠어요.

세 아이는 동혁이 아저씨가 안내한 응접실에 자리를 잡고 앉았어요. 그동안에 동혁이 아저씨는 주스와 청량음료 등 마실 것을 가져왔어요.

"각자 자기소개를 해 볼까?"

동혁이 아저씨의 말에 아이들은 쭈뼛거리며 서로의 눈치만 보았어요. 갑자기 자기소개를 하자니 쑥스러웠던 거예요.

"거창하게 생각할 건 없어. 이름 정도만 얘기해도 대화하기가 수월하겠지?"

결국 아이들은 돌아가면서 자기 이름을 얘기했어요.

"저는 희망초등학교 6학년인 김태균이에요."

"저는 같은 학교에 다니는 박세윤이에요."

"저도 희망초등학교 6학년인 강민수예요."

동혁이 아저씨는 아이들을 하나하나 눈여겨보며 이름을 기억했어요.

"그래, 태균이? 세윤이? 민수?"

자기소개를 끝낸 네 사람은 화기애애한 분위기 속에서 본격적인 대화를 나누었어요.

세윤이가 질문했어요.

"아저씨는 몇 살이에요?"

그러다가 세윤이는 실수했다는 듯 입을 막았어요.

"아, 죄송해요. 사장님이라고 불러야 하는데 아저씨라고 불러서요. 사장님은 몇 살이세요?"

"아니, 그냥 아저씨라고 불러. 사장님이라고 부르면 분위기가 너무 딱딱해지잖아? 사실 아저씨라는 호칭도 아직은 어색하단다. 그리고 나이는 너희들과 별로 차이가 나지 않아. 올해 스물한 살이니까."

"와, 우리 형이랑 나이가 똑같네? 그렇게 젊은데 벌써 사장님이에요?"

"원래 우리 아버님이 게임 회사를 운영하셨어. 아버지의 영향을 받아서 나도 어려서부터 게임에 관심이 많았지. 그리고 그런 환경에서 자라다 보니 자연스럽게 게임에 관련된 일을 하게 된 거야."

"와, 좋았겠다. 그럼 어릴 때부터 게임을 많이 하셨겠네요?"

민수가 부러운 듯 동혁이 아저씨를 보았어요.

"물론 게임이야 실컷 했지. 아버지가 새로운 게임이 출시되면 늘 내게 먼저 해 보고 비평해 달라고 부탁하셨으니까."

"우리 아빠도 그러시면 좋겠다."

민수의 말에 모두 까르르 웃음을 터뜨렸어요. 그 말에 태균이도 전적으로 동감이었어요.

동혁이 아저씨의 삶은 남달랐어요. 고등학교를 졸업하면 으레 대학에 진학하는 게 보통인데, 고등학교를 다니면서 게임 프로그래머로 일하기 시작했으니까요.

동혁이 아저씨는 자신의 일에 전문적인 지식이 있어야 한다는 생각으로 대학도 컴퓨터와 관련된 학과에 진학했대요.

아이들이 동혁이 아저씨의 어릴 적 환경에 대해 진심으로 부러워하자 동혁이 아저씨는 다음과 같은 말을 했어요.

"모든 일에는 장단점이 있어. 나는 늘 게임을 비평하는 입장에서 있었기 때문에 재미를 느끼기보다는 긴장하면서 게임을 해야 했지. 그러니까 게임이 놀이가 아니라 일종의 일이었단다."

"그래도 게임을 하면 일단 재미있잖아요."

태균이가 말했어요.

동혁이 아저씨가 세 아이를 번갈아 보며 말했어요.

"내가 보기에 너희들은 진정한 게임 마니아야. 물론 그 또래의 남자아이 치고 게임을 싫어하는 아이들은 없겠지만 말이야. 너희들은 이곳을 견학할 자격이 충분해."

동혁이 아저씨 말에 아이들은 미소를 지었어요. 그 말은 칭찬으로 들렸으니까요.

그런데 동혁이 아저씨가 갑자기 엄숙한 표정을 지으며 다음과 같이 질문했어요.

"너희들이 게임을 잘하니까 혹시 이런 사실은 알고 있는지 묻고 싶구나. 사람들은 게임을 할 때 캐릭터와 무기, 길, 장소 등을 자신이 직접 선택해서 게임을 한다고 생각하지? 하지만 사실은 게임이란 미리 정해진 프로그램에 따라서 선택의 결과가 정해져 있단다."

"그게 무슨 뜻이에요?"

태균이가 고개를 갸웃거렸어요. 세윤이와 민수도 같은 마음이었는지 의아한 듯 동혁이 아저씨를 바라보았어요.

"쉽게 말하면 게임 프로그램에 입력되어 있는 경로에 따라 게임이 움직인다는 말이지."

하지만 아이들은 여전히 묵묵부답이었어요. 동혁이 아저씨의 말이 이해가 가지 않았던 거지요.

"아니, 그 정도야 게임 마니아들에게는 상식이라고 생각했는데 내가 너희들을 과대평가했나? 게임 프로그래머인 내가 하는 말도 믿지 못하는 모양이구나. 게임을 만드는 입장에서 나는 맨 처음에 이 게임이 어떻게 진행될지 미리 시나리오를 짠단다. 게이머가 보다 흥미 있게 게임을 할 수 있도록 흥미진진한 줄거리를 만들고, 게임에 등장하는 캐릭터도 특색 있게 정하고, 무기나 길, 장소, 방해물도 그 게임에 어울리도록 배치하는 거야."

아이들은 어느새 동혁이 아저씨의 이야기에 깊이 빨려 들어가고 있었어요. 새로 접하는 신비한 게임의 세계였기 때문이지요. 가끔 음료수를 마시는 소리만 크게 들릴 정도로 아이들은 동혁이 아저씨의 말을 들으며 완전히 넋을 놓고 있었어요.

4 이 세계는 신이 만든 프로그램

"게임은 프로그래머가 입력한 정보에 의해 진행된다는 것, 아무리 복잡하고 어려운 게임이라 해도 이 원리는 적용된단다. 그 정보에 의해 움직이지 않으면 게임 프로그램은 엉망진창이 되고 말지. 게임을 하는 사람이 달라질 때마다, 그리고 같은 사람이라 해도 할 때마다 다른 경로로 게임이 진행된다고 생각해 봐. 규칙도 없고 기준도 없는 게임은 결국 게이머의 외면을 받게 돼."

아이들은 단순히 재미로만 했던 게임에 그런 원리가 숨어 있다고는 상상도 하지 못했어요. 그래서 동혁이 아저씨의 이야기가 무척 신선한 내용으로 다가왔어요.

"그런 면에서 볼 때 게임 프로그래머는 창조주와 같다고 할 수 있지."

"창조주요? 어째서요?"

오랜만에 세윤이가 말문을 열었어요.

"이 세계도 신이 만든 프로그램에 따라 움직이고 있으니까. 게임이 프로그래머가 작성한 프로그램에 따라 진행되듯이, 이 세계는 창조주가 작성한 프로그램에 따라 진행된다는 뜻이야."

동혁이 아저씨가 잠시 헛기침을 한 후 이야기를 이어서 하기 시작했어요.

"아까 내 게임 대화명이 모나드라고 했던 것 기억하지? 모나드란 '영혼'이라는 뜻이야. 나는 예전부터 철학에 관심이 많았는데 우연히 모나드론에 관한 내용을 접하고 감명을 받았단다. 내가 상상했던 세계관과 비슷한 점이 많아서였지. 내가 모나드라는 대화명을 쓰게 된 것도 그 때문이야."

그 순간 태균이는 동혁이 아저씨가 전에 들려주었던 철학자 라이프니츠가 떠올랐어요.

"아저씨, 그러고 보니 라이프니츠가 생각나요. 그때 게임을 하면서 모나드에 대한 이론을 폈던 철학자가 라이프니츠라고 하셨잖아요. 그 철학자에 대해 다음에 얘기한다고 하셨던 기억이 나는데 지금 말씀해 주세요."

"그러잖아도 지금 얘기하려고 했지. 라이프니츠는 단순히 철학자만은 아니었어. 철학자이자 법률가이기도 했고 미적분이라는 것을 만들어낸 수학자로도 유명하지."

철학자면서 법률가면서 수학자라니, 와! 라이프니츠는 정말 대단한 재능을 가진 사람인가 봐요. 한 가지 직업을 갖기도 힘든데 1인 3역을 했다니 말이에요.

"라이프니츠는 여섯 살 때 아버지를 여의고 홀어머니 밑에서 자랐단다. 어머니는 화해와 조화를 존중하는 신앙인이었나 봐. 당연히 라이프니츠도 그 영향을 많이 받았지. 그래서 그의 철학 사상역시 조화와 화해를 추구하고 있어."

태균이는 그 순간 모전자전(?)이라는 고사성어가 생각났어요. 자녀의 삶에 부모의 역할이 얼마나 중요한지 깨달을 수 있는 예라고 하겠지요. 동혁이 아저씨가 게임 회사를 운영하는 아버지를 둔 덕분에 게임 프로그래머가 된 것도 그런 맥락에서 이해할 수 있을 거예요.

"모나드에 대해 더 구체적으로 이야기한다면…… 모나드는 한 인간의 과거, 현재, 미래의 과정을 모두 포함하고 있어. 예를 들어 김태균의 모나드는 태균이를 규정하는 모든 내용들이 그냥 아무런 순서 없이 모여 있는 것이 아니라 일정한 순서에 따라 펼쳐지도록 프로그래밍 되어 있다는 거지. 즉, 태균이에게 과거에 일어났던 일, 지금 일어나고 있는 일, 미래에 일어날 일이 모두 김태균의 모나드에 이미 들어 있다가 순서에 따라 펼쳐지는 거야."

여기까지 얘기했을 때 민수가 머리를 긁적이며 말했어요.

"아저씨, 전 솔직히 말해서 철학이 어렵던데요. 지금 아저씨가 하시는 말씀을 잘 못 알아듣겠어요."

"내용이 좀 어렵지? 하지만 6학년 정도면 이 정도의 철학 이론은 알아 두는 게 좋아. 그리고 듣기에 어렵더라도 일단 듣고 나면 나중에 일부분이라도 머리에 남을 거야. 첫술에 배부를 수는 없으니까…… 음, 아까 했던 이야기를 쉽게 요약한다면 태균이의 모나드는 태균이에게 일어났던 일, 지금 일어나고 있는 일, 그리고 앞으로 일어날 모든 일들이 비물질적인 정보로 수록되어 있는 설계도라고 할 수 있다는 거야. 대균이의 모나드, 즉 태균이의 설계도가 물질에 구현되어 지금의 모습으로 존재하게 된다는 뜻이지."

"그러면 저희들이 아저씨의 게임 회사를 견학해서 이런 설명을 듣는 것도 저희들의 모나드에 따르고 있는 거란 말씀인가요?"

세윤이의 질문에 동혁이 아저씨는 손뼉을 '딱' 쳤어요.

"그래, 지금 세윤이가 내 설명을 잘 이해하고 있구나."

세윤이가 어깨를 으쓱하며 우쭐대는 표정을 지었어요. 그런 세윤이의 모습이 어쩐지 우스꽝스러워서 태균이와 민수는 웃고 말았어요.

"아저씨, 그러면 순간순간 나에게 일어나는 모든 것이 내 모나드에 이미 프로그램되어 있는 것이 펼쳐지는 거라면, 프로그램되어 있는 것을 펼치는 힘도 내 모나드 안에 있는 건가요?"

세윤이는 아랑곳하지 않고 진지하게 질문을 이어나갔어요.

"그렇단다. 컴퓨터 압축 파일 중에 셀프 익스트랙트(self-extract) 파일이라는 것이 있어. 이 파일은 압축을 푸는 프로그램이 내장되어 있어서 압축을 푸는 별도의 프로그램 없이도 그 자체가 스스로 압축을 푸는 파일이지. 마치 셀프 익스트랙트 파일처럼 모나드는 독립적으로 스스로를 펼쳐 나가는 것이라고 할 수 있어."

이 때 갑자기 태균이가 무언가 생각이 난 듯, 눈을 반짝이면서

질문을 했어요.

"아저씨, 컴퓨터 프로그램은 프로그램을 짜는 사람, 즉 프로그래머가 만들잖아요?"

"그렇지."

"그러면 모나드 안에 있는 프로그램은 누가 만들었나요?"

아저씨는 좋은 질문이라는 듯, 빙긋이 웃으면서 질문에 답해 주었어요.

"라이프니츠는 조화와 화해의 철학자야. 그는 자신의 철학을 통해서 신 중심의 중세적 사고와 과학의 영향을 받은 근대적 사고의 화해를 시도했어. 그것이 시대가 자기에게 부여한 과업이라고 생각했던 거야. 그래서 라이프니츠는 자연에 대한 수학적 이해를 인정하면서도 세계의 근원을 신학적 구도 속에서 신을 끌어들여 설명하고 있지."

"그러니까 아저씨가 결론적으로 하시고 싶은 말은 프로그래머가 프로그램을 짜듯이 모나드 안에 있는 프로그램은 신에 의해 프로그래밍 되었다는 것인가요?"

태균이의 말에 동혁이 아저씨가 만족한 표정을 지었어요.

"그렇지. 그런 의미에서 신은 위대한 프로그래머라고 말할 수 있지."

동혁이 아저씨의 이야기는 무척 흥미로운 내용이었어요. 하지만 솔직히 말해서 태균이는 라이프니츠의 모나드 이야기가 약간은 허황되지만 한편으로는 두렵게 느껴지기도 했어요.

태균이가 친구들과 동혁이 아저씨와 이렇게 이야기하는 것도 서로 이야기하고 있는 것이 아니라 사실은 태균이의 모나드와 친구들의 모나드, 그리고 동혁이 아저씨의 모나드에 내장되어 있는 지각 내용들이 함께 펼쳐진다는 것이라니 좀 섬뜩했어요.

신에 의해 프로그래밍 된 세계

세계를 구성하는 근원적 요소인 모나드는 어떻게 생겨났을까? 그리고 모나드도 결국 죽게 될까?

그 질문에 대한 답은 모나드가 단순하다는 규정에서 도출될 수 있어요. 모나드는 단순하기 때문에 적어도 자연적인 방식으로는 생성도 소멸도 되지 않아요. 이를테면 자연 상태에서 생성이라는 것은 뭔가가 합쳐질 때 일어나는 것이고 소멸은 부분을 이루는 것들이 흩어질 때 일어나는 거죠. 그런데 모나드는 어떻죠? 그러니까 모나드는 단순하기 때문에 뭔가가 합쳐져서 생성될 수도, 부분으로 흩어질 수도 없어요.

그러면 모나드는 어떻게 생겨났을까요?

라이프니츠는 모나드의 생성을 신에 의한 창조라는 신학적 구도 아래에서 이야기를 풀어 갑니다. 라이프니츠에게 이 세계는 신에 의해 창조된 세계, 그러니까 신에 의해 디자인된 세계입니다. 근대 철학자들이 자신들에게 주어졌다고 생각한 시대적 과제들 중의 하나는 새롭게 등장했던 근대 과학적 세계관과 전통적인 중세 기독교 세계관의 대립을 철학을 통해서 화해시키는 것이었어요. 라이프니츠도 예외가 아니었습니다. 라이프니츠는 조화와 화해의 철학자답게 자신의 철학, 즉 모나드 이야기를 통해서 두 세계관 사이의 화해를 시도합니다. 특히 라이프니츠는 어느 근대 철학자들보다도 자신의 철학 체계 속에서 기독교적 신의 역할을 강조하고 있습니다. 라이프니츠에 따르면 모나드는 신의 창조에 의해 생성된 것들입니다. 어쨌든 모나드는 신에 의하지 않고는 생성도 소멸도 되지 않는다는 거지요.

신은 모나드를 창조하면서 창조의 순간에 각각의 모나드가 겪게 될 모든 내용들을 프로그래밍 합니다. 이를테면 태균이의 모나드를 창조할 때, 신은 태균이가 영화배우 조인성을 닮았다, 장미아파트에 산다, 희망초등학교에 다닌다, 토요일마다 축구를 한다 등등의 내용을 프로그래밍 했다는 겁니다.

또한 신은 모나드를 프로그래밍 할 때, 모나드가 겪게 될 모든 내용을 뒤죽박죽으로 순서 없이 섞어 놓지 않습니다. 신은 모나드가 겪게 될 내용들이 순서에 따라 하나하나 펼쳐지도록 프로그래밍 했습니다.

요약하면 모나드에는 그 모나드가 겪게 될 모든 내용들이 정보의 형태로 프로그램 되어 있습니다. 그리고 그 정보들을 차례로 풀어내는 힘도 모나드 자체 내에 내장되어 있는 겁니다. 모나드는 스스로가 프로그램의 순서에 따라 프로그램의 내용을 펼쳐 나갑니다.

신에 의해 프로그램 된 내용을 스스로 차례로 펼쳐내는 모나드는 다른 모나드와 작용할 필요가 없이 독립적으로 존재합니다. 물론 모나드는 신에 의해 창조된 것이기에 신에게는 의존합니다. 그러나 모나드는 신 이외의 그 어떤 모나드로부터도 그 어떤 영향이나 도움을 필요로 하지 않습니다. 이를테면 모나드들은 서로 인과적으로 연결되어 있지도 않고, 서로 정보 교환을 필요로 하지도 않습니다. 모나드는 다른 모나드로부터 영향을 받거나 영향을 주지 않는다는 거죠. 이것을 라이프니츠는 비유적으로 모나드는 무엇인가가 들어오고 나갈 수 있는 창이 없다고 표현하고 있습니다. 예를 들어, 라디오 연속극을 녹음하는 상황을 한 번 설정해 보죠. 우선 연속극에 등장하는 성우들에게 대본이 주어집니다. 그리고 성우들을 각각 독립된 공간 속에 머물게 합니다. 이제 대본에 따라 대본에 적혀 있는 시각에 맞춰 각자가 자기 분량을 목소리로 연기한다고 합시다. 연속극에 등장하는 성우들은 현장에서 실제로 서로 말을 주고받지 않지만, 방송을 듣고 있는 청취자들은 그들이 서로 말을 주고받고 있다고 생각할 겁니다.

마찬가지로 이 세상에 존재하는 모든 개체들은 신이 각각의 모나드에 적어 놓은 대본을 충실히 연기할 뿐입니다. 겉보기에는 개체들 서로가 영향을 주고받는 것 같지만 진실은 그렇지 않다는 겁니다. 모나드 안에 기록되어 있는 정보들이 타이밍을 맞춰서 조화롭게 발현되다 보니까 서로 작용을 주고받는 것처럼 보일 뿐이라는 것이죠. 이것을 라이프니츠는 '예정조화'라고 부릅니다. 이를테면 신은 모나드를 창조할 때 아무 생각 없이 만들지 않습니다. 창조주인 신은 나름의 목적을 가지고 그 목적에 적합하게 각각의 모나드를 프로그램 한 겁니다. 모든 모나드들은 각각의 목적에 맞게 독립적으로 활동하지만 그 활동은 이미 신에 의해

서로 조화를 이루도록 세팅된 것입니다.

　흥미롭긴 하지만, 라이프니츠의 모나드 이야기는 약간 허황되게 그리고 약간은 두렵게 느껴지기도 할 겁니다. 라이프니츠가 이 세계를 설명하는 전체적인 구도, 즉 신학적인 구도는 우리에게 좀 낯설게 느껴지는 것이 사실이죠. 하지만 라이프니츠의 모나드 이야기를 전혀 가능성 없는 이야기라고만은 할 수 없지 않을까요?

　얼마 전에 유행했던 〈매트릭스〉라는 영화가 있습니다. 줄거리는 대략 이렇습니다.

　'서기 2199년 지구. 인간이 창조한 인공지능 컴퓨터가 인간을 지배하게 되죠. 인간들은 태어나자마자 인공지능의 생명 연장을 위한 에너지원으로 사용됩니다. 인간의 뇌에는 인공지능 컴퓨터에 의해 만들어진 매트릭스라는 1999년의 가상현실이 입력되고 인간은 평생 이 가상현실 속에서 꿈을 꾸듯 살아갑니다. 매트릭스 안에서 사람들은 자신들이 자동차를 타고, 컴퓨터게임을 하고, 식당에서 스테이크를 먹고 있다고 생각하지만 사실은 인공지능이 입력해 놓은 프로그램에 불과한 겁니다.

매트릭스 안의 모든 것은 인공지능 컴퓨터가 작성한 프로그램에 따라 움직일 뿐입니다. 마치 신이 창조한 모나드처럼……'

혹시 우리가 사는 세계가 신이 창조한 매트릭스는 아닐까요?

3

모나드는 우주의 거울

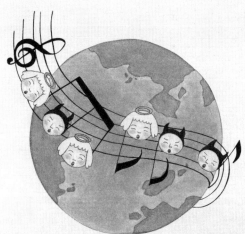

1. 〈매트릭스〉 영화를 떠올린 이유
2. 〈매트릭스〉는 재현될 수도 있는 가상의 세계
3. 인간만이 자기반성을 할 수 있다

 만약 공간이 텅 비어 있다면 그것은 존재하지 않는 것과 같다. 하지만 텅 비어 있는 공간이라 할지라도 거기에는 영혼이 존재하기 때문에 텅 빈 공간은 애초부터 존재할 수 없으며 우리가 속해 있는 공간은 존재하는 실체이다.

— 헨리 모어

1 〈매트릭스〉 영화를 떠올린 이유

똑! 똑! 똑!

느닷없이 들려오는 노크 소리에 아이들은 흠칫 놀라서 사무실 문을 쳐다보았어요. 그래서 대화는 잠시 중단됐어요. 이 시간에 갑자기 누가 온 걸까요?

"들어와."

동혁이 아저씨의 말이 끝나기 무섭게 문이 열리며 한 아저씨가 들어왔어요. 동혁이 아서씨와 나이는 비슷해 보였지만 몸집이 더 큰 아저씨였어요. 신사복 차림이 아주 잘 어울리는 단정한 외모를 갖고 있었어요.

"사장님, 준비가 다 되었습니다."

"수고했어. 이제 퇴근해도 좋아."

아저씨는 깍듯이 인사를 하며 사무실을 나갔어요.

"저 아저씨는 누구세요?"

태균이가 물었어요.

"응, 내 비서야. 너희들에게 보여 줄 게 있어서 시킨 일이 있었거든."

"뭘 보여 주실 건데요?"

"미리 얘기하면 재미없지. 가 보면 알아."

동혁이 아저씨는 한쪽 눈을 찡긋하며 궁금증을 유발시키는 매우 의미심장한 미소를 지었어요.

아이들은 동혁이 아저씨를 따라 사무실을 나갔어요. 엘리베이터를 타고 2층까지 내려갔어요.

2층에는 세 개의 방이 있었어요. 동혁이 아저씨는 엘리베이터에서 내리자마자 바로 보이는 방을 향해 앞서 갔어요. 문에는 동전 크기만 한 단추가 붙어 있었어요. 동혁이 아저씨가 그 단추에

왼손 엄지손가락을 댔어요.

"지문 인식으로 열리는 문이야. 철저한 보안이 생명이라서 아무나 들어가지 못하게 만들어 놓았어."

스릉스.

이상한 소리와 함께 문이 열렸어요.

세 아이는 호기심과 두려움을 가득 안고 방 안으로 조심스럽게 들어갔어요.

방 안은 바깥에서 빛줄기 하나 들어오지 못하게 창문을 만들지 않았어요. 동혁이 아저씨가 방문을 닫으니 사방이 칠흑처럼 어두워졌어요.

"이 방은 나와 내 비서 외에는 아무도 들어오지 못해. 그만큼 비밀스런 방이야. 왜 이렇게 철저히 보안을 유지하는지 아니?"

그러면서 동혁이 아저씨가 불을 켰어요.

불이 켜지는 순간 세 아이는 동시에 탄성을 지르고 말았어요. 그 안에는 게임 모형들로 가득했거든요. 게임 모형에서 풍겨 나오는 듯한 플라스틱 냄새와 쇠 냄새가 코를 찔렀어요.

"여기가 뭐하는 방인지 짐작이 가니? 내가 게임을 연구하는 방이야. 이곳에서 우리 회사의 많은 게임들이 탄생했단다. 앞으로도 흥미진진한 게임들이 계속 개발될 방이니 잘 봐 둬. 이런 기회는 그리 흔하지 않으니까……."

동혁이 아저씨가 굳이 그런 말을 할 필요도 없었어요. 아이들의 눈동자는 먹이를 발견한 하이에나처럼 이미 초롱초롱 빛나고 있었으니까요.

"태균아, 이게 뭔지 알겠니?"

동혁이 아저씨가 게임 모형 하나를 가리키며 물었어요.

태균이는 그 게임 모형을 유심히 살펴보았어요. 어쩐지 낮이 익었어요. 잠시 생각하던 태균이가 외쳤어요.

"아, 잠자는 공주 게임이죠?"

"그래, 역시 알아보는구나. 이건 출시된 지 한 달밖에 안 된 따끈따끈한 게임이야. 자그마치 1년을 연구한 끝에 겨우 개발한 게임이지. 다행스럽게도 반응이 좋아서 오랫동안 힘들게 연구한 보람을 느낀단다."

동혁이 아저씨는 불을 끄고는 슬라이드를 작동시켰어요.

"자, 어떤 원리로 게임이 진행되는지 생생하게 보여줄게."

세 아이는 슬라이드 화면에 눈길을 고정시켰어요.

화면에서는 게임이 어떤 과정을 통해 개발되는지가 그래픽으로

펼쳐졌어요. 단 한순간도 눈길을 뗄 수 없을 만큼 화면 속의 장면들은 생생하고 신기했어요. 동혁이 아저씨의 말만 들었을 때에도 별로 가슴에 와 닿지 않았었는데 막상 화면으로 보니 그 느낌이 달랐어요. 실감이 난다고나 할까요?

"게임을 개발하는 데 있어서 가장 중요한 것은 시나리오를 짜는 일이야. 좋은 시나리오를 가진 게임은 좀 더 흥미로워서 게이머들의 인기를 끌 수 있거든. 그 다음에는 특색 있는 캐릭터를 창조하는 거야. 드라마나 영화에서 매력적인 등장인물이 시청자나 관객의 눈길을 끄는 것처럼 게임도 그렇단다."

동혁이 아저씨는 가끔 아이들의 반응을 살피느라 말을 잠시 멈추곤 했어요.

"시나리오와 캐릭터만 잘 잡으면 나머지는 일사천리지. 점수를 획득하거나 레벨을 올리는 요소들을 배치하고, 벌점이나 보너스 등의 조건들을 만들어. 자, 그리고 너희들이 미처 몰랐던 사실이 하나 있었지?"

동혁이 아저씨가 단추 하나를 눌렀어요. 그러자 게임의 경로가 전구 불빛을 따라 한눈에 보였어요.

"보이는 것처럼 게임 프로그래머들은 게임마다 그 경로를 입력해 놓지. 어디에서 보너스가 나타날지, 어떻게 해야 점수를 딸지, 어디에서 장애물이 나타날지, 여러 가지 조건을 입력해서 그 입력에 따라 게임이 진행되게끔 만들어. 아무리 복잡하고 어려운 게임도 게임 프로그래머가 미리 짜 놓은 시나리오라는 얘기야."

동혁이 아저씨의 설명을 듣던 태균이의 머릿속에 갑자기 떠오르는 생각이 있었어요. 얼마 전에 케이블 TV로 봤던 〈매트릭스〉라는 영화였어요.

그 영화를 보면서 태균이는 막연한 두려움을 느꼈던 기억이 나요. 그런데 이번에 게임을 개발하는 과정을 보니 그 막연했던 두려움이 무엇 때문에 생겼는지 알 수 있었어요.

누군가 내 삶을 조종하고 있다면 그 조종하는 존재가 무엇이든 겁이 나는 건 당연해요.

라이프니츠의 주장에 의하면 신이 모나드를 창조했다는데, 그렇다면 우리가 사는 세계가 신이 창조한 매트릭스 아닐까요?

2 〈매트릭스〉는 재현될 수도 있는 가상의 세계

동혁이 아저씨는 다시 세 아이들을 데리고 4층 사무실로 올라
갔어요.

"많이 답답하지? 창문을 좀 열게."

동혁이 아저씨가 창문을 열자 가슴이 탁 트이는 느낌이 들었어
요. 창문으로 들어오는 바람이 제법 시원했어요.

동혁이 아저씨는 사무실로 들어와 다시 의자에 앉았고, 아이들
도 그 앞에 앉았어요.

태균이가 말했어요.

"아저씨의 이야기를 듣고 있으려니까 영화 〈매트릭스〉가 떠올랐어요."

"〈매트릭스〉?"

"아저씨도 그 영화 보셨나요?"

"물론이지. 그 영화를 보면서 인류의 미래에 대해 진지하게 생각해 보았단다. 정말 미래의 가상현실을 예리하게 파헤친 영화라고 생각해."

"그런데 그 영화를 영화로만 생각해서는 안 될 것 같아요. 앞으로 정말 그런 미래가 닥치지는 않을까요?"

"글쎄, 전혀 그런 일이 생기지 않는다고 단언할 수는 없겠지. 너희도 알다시피 과학은 하루가 다르게 발전하고 있지 않니? 이런 속도라면 그리 멀지 않은 시간에 인류는 인공지능의 지배를 받으며 살아가게 될 지도 몰라."

"그런 생각을 하니까 갑자기 두려워지네요."

두 사람의 대화를 듣고 있던 세윤이도 심각한 표정이 되어 말했어요.

"난 거기까지 생각하지는 못했는데 듣고 보니 소름이 오싹 끼치

는걸."

동혁이 아저씨가 세윤이를 위로하듯 말했어요.

"미래에 인공지능이 인류를 지배할지 안 할지는 아직은 알 수 없어. 그 영화가 아무리 실감난다고 해도 영화일 뿐이지, 사실은 아니니까."

잠시 침묵이 흘렀어요. 말은 하지 않아도 그 순간 네 사람의 머릿속에는 막연한 불안감이 엄습했던 거예요.

침묵을 깨뜨리며 민수가 조심스럽게 물었어요.

"아저씨, 아까 말씀하셨던 모나드에 대해 더 알고 싶은데요."

"호오, 민수는 모나드에 관심이 있나 보구나."

"예, 제가 사실은 교회에 다니거든요. 그래서 신의 존재에 대해 믿고 있어요. 신에 대한 라이프니츠의 사상이 제가 알고 있던 신과 같은지, 차이가 있는지 비교해 보고 싶어요."

"그래, 살아가면서 문득문득 의문이 생길 때가 있지. 알고 싶은 내용도 많을 것이고……. 그럴 때마다 그냥 넘어가는 것보다 의문을 풀려고 노력하는 것이 바람직한 태도야."

동혁이 아저씨는 다소 무거워진 분위기를 바꾸려는 듯 이야기를 시작했어요.

"태균이에게는 전에 설명한 적이 있는 것으로 기억되는데 라이프니츠가 말하는 모나드는 구체적인 사물의 성질 및 그 사물에게 일어나는 모든 사건 내용의 총합이야. 이를테면 태균이 성격, 누구의 아들이고 누구의 친구고 어느 학교에 다니고…… 등 태균이를 이루고 있는 수없이 많은 정보의 총합이 바로 태균이의 모나드야. 그 모나드 순간순간의 상태를 라이프니츠는 '지각'이라고 부른단다. 이 지각이라는 말을 라이프니츠는 독특하게 사용하고 있어."

"지각? 난 매일 아침마다 지각하는데. 히히. 그 말은 아닌 것 같고……."

민수가 머리를 긁적이며 말했어요. 동혁이 아저씨는 민수의 말이 재미있었는지 웃으면서 계속 말을 이어갔어요.

"그래. 그 지각이 아니지. 일반적으로 지각한다는 것은 감각을 통해서 아는 것이라고 할 수 있어. 따라서 의식을 통해 대상을 파악한다는 것이지. 하지만 라이프니츠에게 있어서 지각은 모나드 안에 프로그램 되어 있는 내용들을 의미해. 이를테면 태균이의 모나드 속에 프로그램 되어 있는 모든 내용들 하나하나가 지각이라는 거야. 태균이는 순간순긴 그 내용들을 모두 지각한다는 거지.

하지만 태균이는 그 내용들을 모두 의식하지는 못해. 따라서 라이프니츠가 말하는 지각의 범위는 의식보다 훨씬 넓다는 사실을 알 수 있어. 조금 어려운 말이지?"

"네. 알기 쉽게 예를 들어 설명해 주세요."

동혁이 아저씨는 태균이의 요구에 잠시 머뭇거리더니 계속해서 설명을 이어 나갔어요.

"음, 그럼, 태균이가 학교에서 수업 받고 있는 상황을 예로 들어 설명해 볼까? 수업 시간에 선생님의 말씀을 들으면서, 그 순간 듣고 있는 것이 선생님 말씀인 것을 태균이는 지각하고 의식할 수 있어. 그렇지?"

"그렇죠."

"하지만, 그 순간에 선생님의 말씀과 함께 들려오는 하루살이의 날아가는 소리라든가 태균이의 머리카락이 자라는 소리, 교실 밖 화단에서 들려오는 꽃잎이 열리는 소리 등은 태균이에게 지각되기는 하지만 전혀 의식되지는 않아. 의식되지는 않지만 그 모든 것들은 태균이의 모나드 안에 프로그램 되어 있는 내용들이야. 태균이가 그러한 지각을 의식하지 못하는 이유는 그것들이 너무도 미세하고 미약하기 때문이야. 따라서 지각은 의식을 동반하는 분명한 지각, 즉 의식적 지각일 수도 있고 너무도 미약해서 우리가 전혀 의식하지 못하는 흐리멍덩한 지각, 즉 무의식적 지각일 수도 있어."

"아!"

동혁이 아저씨는 잠시 이야기를 멈추고 창가로 다가갔어요. 그리고는 창밖을 내려다보며 생각에 잠겼어요. 동혁이 아저씨는 무슨 생각을 하고 있는 걸까요?

태균이는 시간이 흐를수록 동혁이 아저씨에 대해 존경심이 들었어요. 저렇게 젊은 나이에 한 회사를 운영하고 있다는 사실, 더구나 게임을 개발하는 창의적인 일을 하고 있다는 사실, 그리고 철학 지식도 많다는 사실에 저절로 존경하는 마음이 들었어요.

동혁이 아저씨의 머리가 좋아서인지, 아니면 노력을 많이 해서 지금의 자리에 오른 건지는 모르겠지만 어쨌든 태균이는 그런 동혁이 아저씨를 닮고 싶어졌어요.

동혁이 아저씨가 다시 의자에 앉으며 대화를 이어나갔어요.

"아! 그리고 빼놓을 뻔한 내용이 있구나. 모나드에서 지각만 중요한 건 아니야. 모나드의 변화를 이끄는 힘인 욕구라는 것도 알아 둘 필요가 있다. 우리의 삶은 한순간을 끊어 놓고 보면 지각이

지만 전체로 보면 하나의 지각에서 다른 지각으로 이행의 연속이
라고 할 수 있지."

"그것도 무슨 뜻인지 잘 모르겠어요. 좀 더 자세하게 설명해 주
시겠어요?"

질문은 거의 태균이 몫이었어요. 어쩌면 이 견학을 주동했던 인
물이기에 책임감을 가져서인지도 모르지요.

동혁이 아저씨는 아이들 사이에서 질문이 튀어나올 때마다 기
다렸다는 듯 성의 있게 대답해 주었어요.

"예를 들어 태균이가 학원에 가면서 신호등에 따라 길도 건너
고, 편의점에 들러 아이스크림도 사고, 길에서 동네 어른을 만나
인사도 하고는 학원으로 간다고 치자. 그러는 사이에 많은 지각을
하고 하나의 지각에서 다른 지각으로 계속해서 옮겨 가잖아? 그
옮겨 가는 힘, 다시 말하면 태균이의 모나드 속에 프로그래밍 되
어 있는 지각 내용을 차례로 펼치는 힘을 욕구라고 하는 거란다."

동혁이 아저씨가 예로 설명하는 이야기를 들으면 아무리 어려
운 내용도 쉽게 이해가 갔어요. 처음에 잘 몰랐던 내용도 예를 통
해서 들으면 구체적으로 모습을 갖춘다고나 할까요?

"그런데 너희들이 알아야 할 게 있어. 우리가 생각하기에는 지

각과 욕구를 가지고 있을 것 같지 않은 무생물이나 식물도 지각과 욕구를 가지고 있다는 사실!"

"정말이요?"

아이들은 반신반의하는 얼굴이었어요.

"믿어지지 않겠지만 라이프니츠의 주장에 의하면 그렇단다. 예를 들어 장미의 모나드도 지각과 욕구를 갖고 있어. 장미의 모나드가 갖는 지각은 순간순간의 모나드 상태야. 촉촉이 이슬을 머금다, 누군가에 의해 사랑스런 눈길로 보여지다, 그윽한 향기를 내뿜다, 누군가에 의해 꺾여서 이 사무실에 있는 꽃병에 꽂히다 등이 바로 장미 모나드의 지각이지."

아이들은 일제히 꽃병에 꽂힌 장미로 눈길이 쏠렸어요. 그 사실을 눈으로 확인하기라도 하듯이 말이에요.

"물론 이러한 것들을 장미가 지각하기는 하지만 의식하지는 못해. 그리고 장미의 모나드 안에 있는 지각 내용을 차례로 펼쳐 나가는 힘이 바로 장미 모나드의 욕구란다."

동혁이 아저씨는 목이 타는 듯 청량음료를 마셨어요. 아이들도 기다렸다는 듯 주스를 마셨어요.

잠시 목을 축인 동혁이 아저씨는 다시 이야기를 시작했어요.

"라이프니츠는 모나드를 소우주, 혹은 우주의 거울이라고 불렀단다. 그것은 모나드가 우주 전체를 지각하고 있다는 의미였지. 모든 모나드는 우주 전체를 나름대로의 방식으로 지각하고 있어. 차이가 있다면 각 개체의 조직화 정도에 따라 명료하게 지각할 수 있느냐, 그렇지 않느냐의 차이일 뿐이지."

태균이의 머릿속이 갑자기 복잡해지기 시작했어요. 평소에는 생각을 깊이 하지 않던 태균이가 한꺼번에 많은 지식을 받아들이려고 하니 머리에서 쥐가 날 정도였어요.

하지만 태균이는 내색하지 않고 동혁이 아저씨의 말에 집중하려 애썼어요. 열 마디를 듣다 보면 한두 마디 정도는 이해할 수 있을 테니까요.

세윤이와 민수도 태균이보다 나은 상황은 아닐 거예요. 공부라면 담을 쌓았던 삼총사였는데 뾰족한 수가 있겠어요? 아무리 이해하는 척하면서 이 자리에 앉아 있어도 알아들을 수 없는 이야기가 대부분을 차지할 거예요.

어쨌든 겉으로 보기에는 세 아이 모두 동혁이 아저씨에게 잠시도 눈길을 떼지 않고 집중하고 있었어요.

"장미의 모나드도, 태균이의 모나드도 우주 전체를 지각하지.

하지만 조직화의 정도에 따라 장미의 모나드는 아주 미세하고 미약하게 우주 전체를 지각하고, 태균이의 모나드는 다른 개체에 비해 조직화의 정도가 뛰어나기 때문에 우주의 특정 부분에 대해서는 명료한 지각을 가지고 있어."

그러더니 동혁이 아저씨가 갑자기 태균이를 구체적으로 지적하며 물었어요.

"태균아, 우리가 지금 뭘하고 있는지, 여기가 어딘지, 내가 누군지 알고 있지?"

"예."

"그만큼 너는 우주의 일부를 명확하게, 그리고 의식적으로 지각하고 있어. 그리고 의식되지 않는 우주의 나머지 부분들도 사실은 태균이가 지각하고 있단다. 단지 그 지각이 너무도 미약하고 미세해서 태균이에게 의식되지 않을 뿐이지."

동혁이 아저씨가 잠깐 아이들의 반응을 살피더니 계속 이야기했어요.

"파도 소리를 예로 들어 볼까? 우리가 해안가로 걸어가면 어느 순간 파도 소리가 들리고 접근해 가면 갈수록 점점 더 크게 들리잖니? 그런데 이것은 없던 파도 소리가 갑자기 들리는 게 아니야.

우리가 해안가로 접근해서 파도 소리를 듣기 전에도 파도는 계속 치고 있었고 우리는 그것을 의식하지 못한 상태에서 지각하고 있었어. 다만 우리가 그것을 파도 소리로 의식하기에는 그것이 너무 미약했을 뿐이지. 이렇게 볼 때 태균이의 모나드는 우주에서 일어나는 모든 것을 지각한다고 할 수 있어."

동혁이 아저씨는 다시 장미가 꽂힌 꽃병에 눈길을 돌리며 설명했어요.

"이 꽃병의 장미도 조직화의 정도가 태균이에 비해 떨어지기 때문에 명료하게 지각할 수는 없지. 그러나 빛의 강도, 우리가 말할 때마다 흔들리는 공기의 진동 등을 통해서 우주 전체를 미약하게나마 지각하고 있는 거야. 이렇듯 우주 안에 있는 모나드들은 자기 나름의 방식대로 우주를 지각하고 있단다."

동혁이 아저씨가 이번에는 빙긋이 웃으시면서 말했어요.

"따라서 라이프니츠식으로 생각하면 이런 추론을 할 수도 있어. 나는 너희들이 어떤 행동을 하며 살고 있는지 지각하고 있다고! 다만 공간적으로 멀리 떨어져 있어서 의식하지 못할 뿐 미약하게 지각하고 있다는 거야."

"헤! 조심스럽게 행동해야겠네요."

세윤이의 엉뚱한 말에 우리는 서로를 보면서 웃었어요. 동혁이 아저씨의 말대로라면 이 세상에는 내가 아직 확실하게 지각하지 못하는, 좋은 친구들이 많이 있다는 생각이 들었어요. 지금 곁에서 웃고 있는 세윤이와 민수처럼 말이에요.

3 인간만이 자기반성을 할 수 있다

"모나드를 종류별로 나눌 수는 없나요? 그냥 하나로 뭉뚱그려서 모나드라고만 정의하나요?"

세윤이의 갑작스런 질문에 태균이와 민수는 의외라는 듯한 눈빛으로 세윤이를 보았어요. 다른 친구들이 미처 생각하지 못했던 부분에 대해 질문하는 세윤이가 달라 보였어요.

"좋은 질문이다. 지각의 명료성 정도의 차이에 따라 모나드들 크게 세 부류로 나눌 수 있지. 무의식적 모나드, 의식적 모나드,

그리고 자기 의식적 모나드야."

전문용어가 나오니까 태균이는 또다시 머리가 어지러워졌어요.

동혁이 아저씨가 그 마음을 눈치챈 듯 전문용어를 풀어서 쉽게 설명해 주었어요.

"좀 어렵지? 쉽게 말해서 무의식적 모나드는 '단순한 모나드' 고, 의식적 모나드는 '영혼'이며, 자기 의식적 모나드는 '정신'이 라고 한단다."

그렇게 해석하니까 이해하기가 쉬웠어요.

"무의식적 모나드에 해당하는 것은 무생물이나 식물이야. 이들 의 지각은 그 명료성이 제로에 가깝지. 그런데 이 말은 지각 자체 가 아예 없다는 것과는 전혀 달라. 이들의 모나드는 지각은 있되 그것이 너무 미약해서 의식을 동반하지 않는 상태에 있다고 하겠 지. 그 다음에는……."

동혁이 아저씨가 다음 이야기를 하려는데 민수가 중간에 끼어 들며 말했어요.

"제가 한번 맞혀 볼게요. 의식적 모나드를 갖고 있는 것은 동물 이죠?"

"그래, 영리하구나. 의식적 모나드는 동물의 모나드란다. 단순

한 모나드에 비하면 훨씬 명료하지. 왜냐하면 동물들은 눈, 코 등과 같은 감각기관을 통해 감각할 뿐더러 감각한 것을 기억하고 의식할 수 있기 때문이지. 이번에는 내가 질문해 볼까? 자기 의식적 모나드를 갖고 있는 존재는 뭘까?"

"사람이겠지요, 뭐."

태균이가 자신만만하게 대답했어요. 동혁이 아저씨가 고개를 끄덕였어요.

"오케이! 잘 맞혔다. 그것은 동물이 갖고 있는 '의식적 모나드' 보다 더 고차원적이고 심오해. 여기서 중요한 문제를 하나 이끌어 낼 수 있단다. 인간의 모나드에는 반성이 따른다는 거야."

"반성이요?"

"자기 자신을 돌아보고 특정한 상황에 대해서 후회하고 죄책감을 갖는 것 말이야. 하지만 동물에게는 반성이 없어. 쉽게 설명하자면 일기 쓰기를 예로 들 수 있지. 우리는 일기를 쓸 때 오늘 했던 일을 돌이켜 보면서 반성을 하잖아? 오늘 동생과 왜 싸웠을까? 왜 엄마 말을 안 들었을까? 하지만 동물에게는 그런 게 없어. 개가 주인의 친구가 왔을 때 짖어 대고는 나중에 일기를 쓰면서 '왜 짖었을까, 짖지 않고 꼬리를 흔들었으면 주인 친구가 갖고 있는 과자를 얻어먹었을 텐데' 하고 반성하는 일은 없단 말이야."

그 말을 듣던 세 아이들은 웃음을 터뜨렸어요.

"우헤헤헤, 동물이 일기를 쓴다니 생각만 해도 너무 웃겨요."

동혁이 아저씨도 따라 웃다가 갑자기 웃음을 멈추며 말했어요.

"인간이 동물과 다른 것 중에 하나는 반성을 한다는 거야. 반성을 통해 자기 자신을 의식하게 되고 우리의 내면을 살펴보게 되지. 더 나아가서 추상적인 차원까지 인식할 수 있어."

어쩐지 분위기가 심각해지는 느낌이었어요. 대화의 주제가 어렵기도 했지만 동혁이 아저씨의 표정이 진지해졌기 때문에 더욱 그랬어요.

"내가 너희들을 보면서 느낀 게 있어. 지금 내가 하는 이야기는 단순히 게임 회사의 사장으로서 하는 말이 아니라 너희보다 나이가 많은 형으로서, 혹은 선배로서 하는 말이니 귀담아 들었으면 좋겠구나."

'무슨 이야기일까?'

태균이는 조금 긴장이 되었어요. 그래서 턱을 괴고 있던 팔을 내리고 자세도 바로잡았어요. 그 모습을 본 세윤이와 민수도 흐트러졌던 자세를 바로 했어요.

"게임 회사의 사장으로서 너희들 같은 고객들이 있다는 건 분명 고마운 일이야. 우리 입장에서 게임을 즐기는 사람들은 큰 고객이니까. 하지만 게임을 할 때에도 절제와 기준이 필요해."

'절제와 기준?'

태균이는 뜨끔했어요. 자신의 가장 큰 단점이 절제 부족이라는 사실을 알고 있으니까요.

"게임은 엄연히 오락 기능이 주를 이루고 있어. 물론 게임을 하다 보면 순발력과 판단력이 좋아지지. 그러나 자신의 할 일을 제쳐 두고 게임에만 몰두한다면 그 사람은 정상적인 일상생활을 하기 어려울 거야."

태균이는 동혁이 아저씨의 이야기가 자신들을 위한 충고라는 걸 느낄 수 있었어요. 차츰 기분이 이상해졌어요.

"너희들에게 지금은 반성이 필요한 시기야. 다른 학생들은 모르겠는데, 특히 태균이!"

태균이는 자신의 이름이 호명되자 깜짝 놀랐어요. 저절로 동혁이 아저씨를 똑바로 보게 되었어요.

"그때 너와 게임을 하면서 태균이가 잘못하면 게임 중독에 빠지겠다는 걱정이 들었단다. 물론 네 게임 실력은 인정해. 그 정도면 또래 중에서는 누구에게도 지지 않을 실력이야. 게임의 개발자인 나까지도 몇 번이나 이길 정도니까……. 그러나 게임은 머리를 식히고 기분을 전환하는 게 목적일 뿐 게임 자체가 삶을 지배해서는 안 된단다. 어때, 태균아? 솔직히 말해 보렴. 너에게 게임은 삶의 일부니, 전부니?"

태균이는 부끄러움에 얼굴이 달아올랐어요.

"내 생각에 전부는 아닐 거야. 하지만 일부도 아니라고 확신해. 학교에서 있는 시간을 빼고, 학원에서 있는 시간을 빼고 게임을 하는 시간이 얼마나 되는지 계산해 보면 답이 나올 거야. 아니, 게임 때문에 학교생활이나 학원 생활에도 지장이 있다면 정말 심각한 문제지."

태균이는 동혁이 아저씨의 질문에 자신 있게 '그렇지 않다' 고 대답하기가 어려웠어요. 왜 이야기의 화살이 갑자기 자신에게 향했는지 어리둥절할 뿐이었어요.

창조된 모나드들 중 최고의 모나드

라이프니츠에 따르면, 모나드는 모두 우주 전체를 지각하는 소우주들임에도 불구하고 지각의 명료성 정도에 따라 차이가 납니다. 지각은 명료성 정도의 차이에 따라 무의식적 지각, 의식적 지각 그리고 자기 의식적 지각으로 크게 나뉩니다. 지각이 모나드의 본질적 특성이므로 모나드의 종류에는 무의식적 모나드(단순한 모나드), 의식적 모나드(영혼) 그리고 자기 의식적 모나드(정신)가 있습니다.

무의식적 모나드는 지각이 감각이나 의식 없이 발생하는 모나드로 무생물이나 식물의 모나드에 해당됩니다. 이들의 지각은 그 명료성에 있어서 제로에 가깝습니다. 지각의 명료성이 제로에 가깝다는 것과 지각 자체가 아예 없다는 것은 전혀 다르다는 사실을 기억해 두세요. 그러므로 무생물이나 식물의 모나드는 지각은 있되 그것이 너무도 미약해서 의식을 동반하지 않은 상태라고 할 수 있습니다.

　다음 단계의 모나드는 의식적 모나드, 동물의 모나드입니다. 라이프니츠는 이 단계의 모나드를 좁은 의미에서 영혼이라고 부릅니다. 영혼은 라틴어로 아니마anima인데 바로 동물animal이라는 낱말이 여기서 나왔습니다. 그래서 동물에 이르게 되면 영혼을 가지고 있다고 할 수 있습니다. 단순한 모나드에 비해 동물의 모나드가 명료하다는 것은 그들이 눈, 코 등과 같은 감각기관을 통해 감각하고 감각한 것을 기억하며 의식하기 때문입니다.

　그런데 의식적 모나드가 무의식적 모나드와 철저하게 구분되어 서로 단절되어 있는 것은 아닙니다. 이를테면 영혼은 의식을 동반하지 않는 모나드의 상태, 즉 미세 지각의 무의식적 상태에 빠지기도 하고 그러한 상태에서 빠져나와 의식을 회복하기도 합니다. 우리가 식물인간이 소생하기를 기다리는 것은 다분히 라이프니츠적 태도라고 할 수 있지요.

　마지막으로 이성적 영혼 혹은 정신이라 불리는 인간의 모나드를 살펴보죠. 인간의 모나드인 정신은 사태를 의식할 뿐만 아니라 그것을 반성적으로 파악할 줄 압니다. 이 반성 행위를 통해 인간은 자기 자신을 의식하게 되고 우리의 내면 상태를 살펴보게 되며 구체적인 차원을 넘어

추상적인 차원을 인식할 수 있게 됩니다.

　동물의 모나드인 영혼은 반성을 통해 자기와 자기가 처해 있는 상황으로부터 빠져 나와 자기와 자기가 처해 있는 상황을 대상화할 수 없습니다. 반성이란 특정한 상황에 빠져 그 상황과 하나가 되어 있는 상태가 아니라 그러한 상황으로부터 빠져나와 그러한 상황을 대상화시키고 그 상황 자체를 사유하는 것입니다. 쉽게 말하면 여러분, 일기를 쓰나요? 일기 쓰는 것이 바로 반성하는 겁니다. 오늘 밖에서 내가 겪었던 특정한 상황을 대상화하여 그것에 대해 사유하는 것이지요. '오늘 내가 쓸데없는 말로 그 친구에게 상처를 준 것 같다. 내가 만약 친구였다면 힘들었을 거야!' 하며 반성을 통해서 말이죠. 동물은 일기를 쓰지 않습니다. 반성하지 못하는 것이지요. 자신이 처해 있던 상황으로부터 벗어나 자기와 자신이 처해 있던 상황을 대상화하지 못하는 겁니다. '아! 아까 주인 친구 왔을 때 괜히 짖었다. 꼬리를 흔들었으면 그 친구가 들고 있던 과자를 좀 주었을지도 모르는데…….' 동물은 자신의 행동에 대해 후회하지 않잖아요.

　어쨌든 인간의 모나드가 다른 모나드와 다른 점은 반성을 통해 단편

적이고 감각적인 인식을 넘어서 고차원적이고 필연적인 진리를 인식할

수 있다는 겁니다. 그 점을 우리는 십분 활용해야 하지 않을까요?

4

있을 수 있는 최상의 세계

1. 반성하는 아이들
2. 최고의 디자이너가 선택한 최상의 세계
3. 반성의 첫걸음, 일기 쓰기

 전 인류의 행복을 목표로 한 사회가 가장 완전하다고 할 수 있다.

— 라이프니츠

1 반성하는 아이들

반전이었답니다. 갑자기 동혁이 아저씨가 태균이를 나무랐으니까요.

"나는 너희들이 내 뒤를 이어 훌륭한 게임 프로그래머가 되었으면 좋겠어. 하지만 지금부터 게임에 몰두한다고 해서 게임 프로그래머가 되는 건 아니야. 기본적으로 학업에 충실해야 게임 프로그래머로서의 기초 실력을 다지게 되지."

동혁이 아저씨가 자리에서 일어나더니 창문을 닫고 커튼을 쳤어요. 사무실 안이 한층 어두워졌어요.

"자, 지금부터 반성의 시간을 가져 보자. 너희들은 물론 나도 지난 일주일의 삶을 반성해 보는 거야."

한순간에 분위기가 엄숙해졌어요.

"지금부터 5분 동안만 자신의 생활을 반성하는 시간을 갖자. 학교에서든, 집에서든, 학원에서든 어떤 곳에서의 생활이라도 좋아. 마음에 걸렸던 일들, 부족함을 느꼈던 순간, 후회하는 일들을 모두 머리에 떠올려 봐. 기도를 한다고 생각해도 좋아."

동혁이 아저씨가 그 말을 끝내고 눈을 감았어요. 태균이도, 세윤이도, 민수도 다소 어색한 기분을 감추고 눈을 감았어요.

1초, 2초, 3초……

사방은 조용했어요. 아까까지는 전혀 들리지 않던 시계 초침 소리가 크게 들리고, 바깥에서는 가끔 자동차 지나가는 소리가 들려왔어요.

게임 회사에 견학 와서 이렇게 반성까지 해야 할 줄은 몰랐어요. 하지만 막상 반성의 시간을 갖게 되니 이상하게도 반성할 일들이 줄줄이 생각났어요. 특히 게임에 대한 생각이 집중적으로 떠올랐어요.

'그동안 게임 때문에 얼마나 엄마, 아빠께 혼났던가.'

솔직히 게임 때문에 태균이의 생활은 엉망이 되었어요.

언제부터 게임이 좋았는지 기억조차 나지 않아요. 하지만 언제부터인가 게임은 태균이의 생활을 온통 차지하고 있었어요. 게임 때문에 생활 리듬이 깨질 정도였어요.

아빠가 보다 못해 인터넷을 끊은 적도 있고 종아리에 멍이 들도록 매질했던 일도 있었어요. 성적은 바닥까지 떨어지기도 하고, 숙제는 빼먹기 일쑤였지요. 선생님한테도 많이 혼났지만 게임에 대한 집착은 버리지 못했어요. 게임을 하느라 밤을 샌 적은 있어도 공부를 하느라 밤을 샌 적은 단 하루도 없었어요.

'한심하다, 한심해. 김태균, 앞으로 뭐가 되려고 이러니? 동혁이 아저씨도 그러시잖아. 게임만 잘한다고 게임 프로그래머가 되는 건 아니라고. 내가 해야 할 최소한의 일도 못하면서 어떻게 앞으로 훌륭한 사람이 되겠니? 게임에만 미쳐서 꿈조차 잃어버린 가엾은 나…… 엄마, 아빠가 나에 대해 얼마나 기대하셨니? 하지만 나는 그 기대를 깨버린 데 대해 별로 심각하게 생각하지도 않았어. 내년이면 중학생이 될 텐데 언제까지 이렇게 생활할 거니?'

후회와 반성이 물밀 듯 밀려왔어요. 가슴이 답답해지면서 사무실을 뛰쳐나가고 싶은 충동을 느꼈어요.

그 때 어디선가 훌쩍거리는 소리가 나는 거예요.

'응? 이게 무슨 소리지?'

태균이는 실눈을 뜨고 주위를 둘러보았어요. 세윤이가 울고 있는 모습이 보였어요.

'왜? 무엇 때문에 우는 거지?'

이번에는 세윤이 옆에 앉아 있는 민수를 보았어요. 민수도 코가 실룩실룩하는 걸 보니 눈물이 나오는 걸 참고 있나 봐요. 그 모습을 본 태균이도 어쩐지 코끝이 찡했어요.

'뭐야, 반성을 하라는데 왜 울고들 있어?'

태균이는 일부러 다른 생각을 하려고 애썼어요. 자기도 울게 될까 봐 겁이 났던 거예요.

"자, 이제 그만! 이제 모두들 눈을 떠라."

동혁이 아저씨의 말에 모두들 깜짝 놀라 눈을 떴어요. 세윤이는 어색한 듯 주먹으로 눈물을 훔쳤어요. 민수도 아무렇지 않은 얼굴로 코를 만졌어요.

'다행이다. 하마터면 나도 울 뻔했어.'

남자가 이런 일로 눈물을 보일 수는 없잖아요? 동혁이 아저씨가 눈을 뜨라는 말이 얼마나 반가웠는지 몰라요.

"아마 모두들 비슷한 마음이었을 거다. 비록 5분이라는 짧은 시간이었지만 가치 있고도 의미 있는 시간이었을 거야. 각자의 마음 속에 있던 양심의 소리를 똑똑히 들었을 거라고 생각해."

세윤이는 아직도 훌쩍거리고 있었어요.

"세윤아, 이제 진정하고 무엇을 반성했기에 눈물이 났는지를 말해 보렴."

동혁이 아저씨의 권유에도 세윤이는 쉽사리 입을 열지 않았어요. 자신의 개인적 감정을 이야기하는 게 어색했나 봐요. 그러다가 한참만에야 겨우 입을 열었어요.

"그동안 제가 아무 생각 없이 살았다는 생각이 들었어요. 시간도 낭비하고, 노는 데만 신경을 쓰고……. 부모님이 애써 돈을 벌어 학원에 보내 주셨는데 그런 학원을 빼먹고……. 이렇게 계속 살다가는 앞으로 아무 곳에서도 필요로 하지 않는 무용지물이 되지는 않을까 걱정이 되었어요."

"충분히 있을 수 있는 일이야. 하지만 지금이라도 깨달았다는 게 중요해. 아직 늦지 않았으니까."

반성의 시간 때문에 분위기는 완전히 가라앉았어요. 회사에 치음 들어왔을 때의 가볍고 장난스럽던 분위기는 완전히 사라져 버렸어요.

"게임 회사 사장으로서 이런 이야기를 하는 게 아이러니하기는 하지만 요즘 아이들은 문제가 많아. 아니, 비단 아이들뿐만이 아니야. 어른들 중에도 컴퓨터 때문에 특히 컴퓨터 게임 때문에 시간을 허비하는 경우가 얼마나 많은지 몰라. 일하다가, 공부를 하다가 머리를 식히기 위한 잠깐의 휴식이 아니라 게임 때문에 자신의 본분을 잊고 산다고나 할까?"

그 말을 할 때 동혁이 아저씨의 말투는 단호하고도 날카로웠어요. 아이들은 찔리는 게 있는 듯 움찔했어요.

그런데 태균은 순간적으로 울컥하는 마음이 들었어요. 다른 사람도 아니고 게임을 만든 사람이 게임하는 사람을 비판하는 게 앞뒤가 안 맞는다는 생각이 든 거예요. 그야말로 모순된 행동 아닌가요?

"아저씨, 말씀드리고 싶은 게 있어요!"

태균이가 갑자기 큰 소리로 말하자 모두들 깜짝 놀라 태균이를 바라보았어요.

2 최고의 디자이너가 선택한 최상의 세계

"그래, 얘기해 봐."

동혁이 아저씨는 이미 태균이가 무슨 말을 할지 짐작하는 눈치였어요.

"일차적으로 게임에 중독된 사람들이 잘못한 건 맞아요. 하지만 보다 근본적으로 잘못한 사람은 게임을 만든 사람 아닐까요? 애초에 게임을 만들지 않았다면 게임 때문에 시간을 허비하는 일도 없을 것이고, 게임에 중독될 사람도 없을 것 아니에요? 그런 면에서 가장 반성해야 할 분은 아저씨 같은 게임 프로그래머라고 생각해요. 아저씨 생각은 어떠세요?"

태균이는 동혁이 아저씨에게 따지듯이 물었어요.

세윤이와 민수도 태균이의 말에 동조하듯 고개를 끄덕였어요.

"라이프니츠의 이론에도 의문점이 있어요. 라이프니츠의 논리에 따르면 이 세상에 있는 모든 악(惡)도 신이 고의적으로 만들어 낸 거네요? 결국 신이 이 세상의 선악을 만들어 놓은 건데 우리가 악을 손가락질할 이유가 있나요? 사람들이 악한 행동을 하는 것도 신이 만든 프로그램에 포함된다면 말이에요."

"맞아, 나도 그런 생각이 들었어."

민수가 들릴 듯 말 듯 작은 목소리로 말했어요.

하지만 동혁이 아저씨는 전혀 당황하지 않았어요. 아마 이런 상황을 예견했나 봐요.

"그런 질문이 나올 줄 알았다. 당연히 나와야 할 질문이었고……. 그럼 첫 번째 의문에 대해 대답하지. 너의 생각은 그럴 듯하지만 그건 하나만 알고 둘은 모르는 거야. '구더기 무서워 장 못 담근다'는 속담이 있지? 네 말대로라면 사람들이 악용할 수 있는 모든 것들은 아예 없애야 한다는 논리인데 말이 안 되지. 그렇게 따지면 담배도 아예 안 만들어야 하고, 술도 안 만들어야 하고, 불량 만화도 해로우니까 모두 없애야겠네?"

순간 태균이는 할 말을 잃었어요. 거기에 대한 반박을 할 수 없었거든요.

"어디 그뿐이니? 암을 치료하기 위해서는 항암제를 사용해야 하는데 그 항암제는 암세포는 물론 정상 세포까지 죽인다고 해. 그러면 정상 세포를 죽이지 않기 위해서 항암제 사용을 중지해야겠니? 그렇게 하면 암 환자는 어떻게 치료를 받지?"

그 말을 듣고 보니 더 할 말이 없었어요. 작은 부작용이 두려워 큰 효과를 포기할 수는 없는 것이니까요.

"그리고 두 번째 질문에 대한 답을 할게. 라이프니츠에 따르면, 이 세계는 신에 의해 창조된 세계, 그러니까 신에 의해 디자인된 세계야. 디자이너가 수많은 디자인 중에서 가장 잘 된 것 하나를 선택하듯이, 최고의 디자이너인 신도 수많은 디자인 중에서 최상의 것을 선택해서 세계를 창조한 거지. 그렇게 해서 창조된 것이 바로 이 세계야."

"그러니까요, 저는 신이 만든 최상의 작품인 이 세계에 악이 있다는 깃이 이해가 가질 않아요."

태균이는 말을 하면서 세윤이와 민수를 바라보았어요. 아마도 친구들에게 동의를 구하는 것 같았어요. 세윤이와 민수는 동의의 표시로 고개를 끄떡였어요.

"신이 만든 이 세계는 완전하지 않아. 신이 창조한 것은 그 어떤 악도 고통도 결함도 없는 또 다른 신이 아니야. 이 세계는 신에 의해 창조된, 기본적으로 신과는 전혀 다른 피조물이지. 따라서 이 세계는 신과는 달리 근원적으로 불완전할 수밖에 없고 그 불완전함 때문에 악이 존재할 수밖에 없는 거야."

아저씨는 잠시 말을 끊더니 우리들 한 사람 한 사람을 바라보았어요. 우리가 잘 이해하는지 살피는 것 같았어요. 그리고는 조금 더 설명해 줄 필요가 있다고 생각하셨는지 계속 이야기를 이어 나갔어요.

"신이 선택한 최상의 작품인 이 세계는 악이 없는 세계가 아니라 악이 나름대로 선과 조화를 이루고 있는 세계라고 할 수 있어. 악은 그 자체로는 불필요한 것 같지만, 전체적으로 보면 긍정적인 역할이 있어."

"악이 긍정적 역할을 한다구요?"

악은 무조건 나쁜 거라고 배웠는데……. 태균이는 몹시 혼란스러웠어요.

"그렇단다. 악 덕분에 우리는 선을 깨닫게 되고 더 큰 악을 방지하거나 더 큰 선을 실현하기 위해 노력하게 된다고 할 수 있지. 이를테면 악곡 속에 있는 불협화음은 그 자체로는 불필요해 보이지만, 악곡 전체를 놓고 볼 때는 화음과 더불어 없어서는 안 되는 부분인 것처럼, 악도 그 자체로는 없어져야 할 것처럼 보이지만, 세계 전체를 놓고 볼 때 선과 더불어 없어서는 안 될 부분이라고 할 수 있어."

태균이는 그 비유를 듣고 나서야 무슨 뜻인지 이해가 갔어요.

"너희들이 여기에서 들은 이야기를 모두 이해하기는 어렵다는 건 잘 알고 있어. 하지만 너희들이 더 커서 이 내용에 대해 접할 기회가 있다면 오늘 들은 이야기가 참 많은 도움이 될 거라고 믿는다."

그렇게 동혁이 아저씨는 모나드 이론을 마무리 지었어요.

그 때 어디선가 '꼬르륵' 하는 소리가 들려왔어요. 민수의 배에서 나는 소리였어요.

동혁이 아저씨가 웃으며 말했어요.

"민수, 배가 많이 고픈가 보구나. 하긴 시간도 많이 지났지. 이 얘기만 끝내고 나가서 함께 저녁을 먹도록 하자. 음, 오늘 내가 너희들에게 정말로 하고 싶었던 이야기는 이거야. 비록 나 같은 게임 프로그래머들이 게임을 만들기는 하지만 너희들이 어떤 삶을 사느냐는 각자의 선택에 달려 있어. 너희들이 게임을 적절하게 이용하면 좋은 취미가 되는 것이고, 게임에만 빠져서 헤어나지 못한다면 중독 수준이 되어 폐인이 될 수도 있는 거야. 자, 너희들은 어떤 선택을 하고 싶니?"

동혁이 아저씨가 아이들의 눈을 하나하나 마주치며 대답을 기다렸어요.

물어보나 마나였어요. 단 한 가지 외에 아이들이 어떤 선택을 할 수 있겠어요? 동혁이 아저씨는 아이들의 얼굴을 보면서 이미 대답을 읽은 듯 미소를 지었어요.

"누구나 너희들과 같은 대답을 하게 될 거야. 이만, 끝! 자, 이제 나가자."

동혁이 아저씨가 자리에서 벌떡 일어났어요.

"아! 온몸이 뻐근해."

민수가 기지개를 켜면서 비명을 질렀어요. 태균이와 세윤이도 기지개를 켰어요. 장장 몇 시간에 걸쳐 이어진 기나긴 수업이었이요. 태균이는 게임을 하거나 텔레비전을 보는 것 외에 이렇게 오랫동안 집중했던 경험은 없었다는 생각이 들었어요.

네 사람이 회사를 나왔을 때 하늘에는 노을이 지고 있었어요. 노을빛 하늘이 그리도 아름다울 수가 없었어요. 저 하늘로 풍덩 빠지고 싶은 마음이 들었어요.

"너희들 뭐 먹을래?"

동혁이 아저씨가 물었을 때 아이들은 서로의 눈치만 보았어요. 배는 고픈데 막상 무엇을 먹을까 생각하니 특별히 떠오르는 것이 없었어요.

"피자는 어떠니? 피자 먹을래?"

"예! 좋아요!"

아이들이 합창하듯 대답했어요.

"그럼 피자집으로 가자. 큰길가에 피자집이 있단다."

"아저씨도 피자 좋아하세요?"

태균이가 묻자 동혁이 아저씨는 엄지손가락을 앞으로 내밀며 대답했어요.

"당연하지. 나 역시 몇 년 전만 해도 너희들 같이 뭣 모르는 청

소년이었는걸."

　네 사람은 큰길가에 있는 피자집으로 들어갔어요. 주말 저녁이라 그런지 사람들로 북적였어요.

　네 사람은 창가에 있는 자리에 앉아 피자가 나올 때까지 이런저런 이야기를 나누었어요. 대화의 주제는 역시 게임에 관한 것이었어요.

　"사실 저도 게임에 너무 빠져 있어서 제 자신이 걱정되었어요. 엄마, 아빠가 혼내시면 순간적으로 반항심이 생기지만 저도 마음이 께름칙하거든요."

　민수가 솔직하게 털어놓았어요. 태균이와 세윤이도 게임을 할 때면 즐겁지만 끝나고 나면 뭔가 허전하고 마음이 편하지 않다고 솔직하게 얘기했어요.

　동혁이 아저씨는 아이들의 이야기를 귀 기울여 듣더니 이렇게 말했어요.

　"그래, 자신이 무엇을 잘못했는가를 아는 건 중요한 일이야. 그리고 너희들의 마음을 나도 이해한단다. 나도 한때는 너희들과 같은 고민을 했었으니까. 어쩌면 내가 게임 프로그래머가 된 건 그런 고민 때문이었는지도 몰라. 언젠가 그런 생각이 들었거든. 게임에 끌려다닐 것이 아니라 내가 게임을 다스려 보자, 내가 게임을 이끌어 가 보자, 그런 마음으로 게임을 개발하게 되었다고 해도 틀린 말이 아니야. 전화위복인 셈이지."

아이들은 동혁이 아저씨의 어린 시절 이야기를 들으며 무척 재미있어 했어요. 어린이가 자라서 어른이 된다는 평범한 진리를 깨닫는 순간이기도 했지요. 몸은 비록 어른이지만 동혁이 아저씨는 아직 어린이 같이 순수한 면이 많았어요. 회사 안에서는 몰랐는데 피자를 먹으며 이야기를 나누다 보니 동혁이 아저씨가 꼭 친형처럼 느껴졌어요.

동혁이 아저씨는 아이들과 헤어지면서 아저씨의 이름과 이메일 주소, 휴대폰 번호가 새겨진 명함을 하나씩 건네주었어요.

"가끔 전화해. 게임에 대해 하고 싶은 말이 있으면 이메일을 보내도 좋아."

"오늘 정말 고마웠습니다. 아저씨 덕분에 배운 게 많아요."

태균이가 제법 어른스럽게 인사했어요.

"하하하, 나 역시 너희들에게 배운 것이 많단다. 또 게임 프로그래머로서의 책임감도 가졌고. 앞으로 보다 유익한 게임을 개발하기 위해 노력할게."

그렇게 동혁이 아저씨와 아쉬운 이별을 했어요. 아이들은 동혁이 아저씨가 차를 타고 가는 모습이 사라질 때까지 그 자리에 서 있었어요.

3 반성의 첫걸음, 일기 쓰기

버스를 타고 가는 동안 아이들은 아무 말도 하지 않았어요. 다른 때 같으면 떠드느라 정신이 없었을 텐데 이번에는 그럴 생각이 들지 않았어요. 모두 생각에 빠져 차창으로 스쳐 지나가는 거리의 풍경만 바라보고 있었어요.

버스에서 내려서야 세 아이들은 말문을 열기 시작했어요.

"너희들, 버스 안에서도 반성의 시간을 가졌나 봐."

세윤이의 말에 태균이도, 민수도 고개를 끄덕였어요.

"생각해 보면 우리는 일상생활에서 반성의 시간을 가진 적이 거의 없었어."

민수가 심각하게 말했어요.

"그래, 그나마 반성할 수 있는 시간인 일기 쓰기조차 빼먹기 일쑤였지. 앞으로는 최소한 일기를 쓰는 시간만이라도 자기 반성에 충실해야겠어. 일기 쓰기는 반성의 첫걸음이니까."

태균이도 진심으로 뉘우치며 말했어요. 민수가 조금 들뜬 듯 화제를 돌렸어요.

"동혁이 아저씨, 정말 멋지지 않니? 나도 앞으로 그런 어른이 되었으면 좋겠어. 게임 프로그래머라는 직업도 참 매력 있는 것 같아."

태균이도 그 말에 맞장구를 쳤어요.

"맞아. 나는 그 아저씨가 그렇게 재미있고 유익한 게임을 많이 개발했다는 사실을 알고 깜짝 놀랐어. 그리고 그 아저씨가 개발한 게임들은 뭔가 달라. 무조건 부수고 파괴하는 내용이 아니라 뭔가 생각할 수 있는 게임이 많아. 게임을 하면서 머리도 좋아지고 생각도 깊어지는 걸 느꼈어."

그 때 민수가 갑자기 큰 소리로 말했어요.

"내 장래희망은 게임 프로그래머야!"

"아이, 깜짝이야. 좀 살살 이야기 해. 그리고 넌 전에는 축구 선수가 꿈이었잖아?"

태균이가 면박을 주듯 말했지만 민수는 개의치 않았어요.

"꿈은 바뀔 수 있어. 그리고 동혁이 아저씨를 내 꿈의 모델로 삼을 거야."

"사실 나도 게임 프로그래머가 되겠다고 결심했는데."

세윤이가 쭈뼛거리며 말했어요.

"언제부터?"

태균이가 짓궂게 물었어요.

"오늘부터!"

"에이, 나도 털어놓는다. 내 꿈도 오늘부터 게임 프로그래머로 바꾸었어."

태균이가 말하자 모두들 그럴 줄 알았다는 듯이 한꺼번에 웃음을 터뜨렸어요.

"그러면 6학년 3반에서 게임 프로그래머가 세 명은 나오겠구나?"

민수의 말에 웃음소리는 더욱 커졌어요. 어두운 밤거리를 가득

채운 밝은 웃음소리였어요.

　친구들과 헤어진 태균이가 집에 돌아오자 엄마는 왜 이렇게 늦었냐며 야단을 쳤어요.

　"죄송해요. 하지만 오늘 배운 것도 많고 유익한 시간을 보냈으니 너무 야단치지 마세요."

　태균이가 점잖게 대답하자 엄마는 어안이 벙벙한 듯 태균이를 쳐다보았어요. 평소와 다른 태균이의 행동에 놀란 게 틀림없어요.

　"후우!"

　방에 들어온 태균이는 심호흡을 하면서 긴 한숨을 쉬었어요. 오늘 하루 동안 정말 많은 사건이 일어났어요. 본 것도 많고, 들은 것도 많고, 배운 것도 많아요. 그리고 느낀 것도 참 많습니다.

　긴장이 풀어지면서 갑자기 피로가 몰려왔어요. 얼른 씻고 잠자리에 들고 싶었지만 그럴 수는 없었어요. 오늘 견학을 통해 조금이라도 달라진 점이 있어야 하잖아요?

　태균이는 책꽂이에서 일기장을 꺼내 폈어요. 그리고 책상 앞에 앉았어요. 컴퓨터 앞이 아닌 책상 앞에 앉아 있는 게 정말 얼마만인지 모르겠어요.

'나의 잘못된 선택으로 악의 길로 가서는 안 돼. 내 미래의 꿈인 프로그래머를 위해서라도.'

태균이는 정성을 들여 일기를 쓰기 시작했어요.

X월 X일 토요일   날씨 맑음

오후에 세윤이, 민수와 함께 게임 회사에 견학을 갔다.

'신바람 게임 회사'였다.

건물이 특이하게 생기고 사장님도 젊어서 처음에는 재미있을 거라고만 생각했다.

견학을 하면서 재미있는 일도 있었지만 배운 것도 많다.

게임이 그렇게 어렵게 만들어지는 줄 몰랐다.

사장님이 존경스럽다.

나이도 어린데 그렇게 머리가 좋다니.

형이라고 부르고 싶었다.

피자도 사 주어서 정말 고마웠다.

그런데 사장님은 게임을 많이 하지 말라고 했다.

처음에는 그 말이 이상하게 들렸는데 생각해 보니 양심적인 사

X월 X일 토요일

오후에 세윤이, 민수 게임 회사에

견학을 갔다.

내가 말했드 난 게임 중독이다.

빨리 중독에서 벗어나야 겠다.

꼭! 꼭!

내 자신하고 약속했다

장님 같다.

내가 생각해도 난 게임 중독이다.

빨리 게임 중독에서 벗어나야겠다.

그리고 열심히 공부해서 훌륭한 게임 프로그래머가 될 것이다.

꼭! 꼭!

나 자신하고 약속했다.

일기를 쓰고 나니 거짓말처럼 피로감은 사라지고 정신이 맑아졌어요.

태균이는 창문을 활짝 열었어요. 상쾌한 밤바람이 불어왔어요. 하늘에 무수히 뿌려진 별들이 오늘따라 그리도 아름다울 수가 없었어요.

가능세계

신은 모나드로 구성된 이 세계를 어떻게 만든 것일까?

라이프니츠는 신에 의한 창조라는 신학적 사상을 바탕으로 하여 이야기를 풀어 갑니다. 라이프니츠에게 이 세계는 신에 의해 창조된 세계, 그러니까 신에 의해 디자인된 세계입니다. 디자이너가 수많은 디자인들 중에서 하나를 선택하듯이, 디자이너인 신이 이 세계를 선택하여 창조한 겁니다. 그렇다면 신에 의해 선택되지 않은 수많은 세계가 있겠지요? 라이프니츠는 바로 그러한 세계를 '가능세계'라고 불렀습니다. 신에 의해 선택만 되었다면 현실 세계가 될 수 있었으나 선택되지 않은 세계가 있을 수 있는 세계, 즉 가능세계입니다.

그렇다면 수많은 가능세계 중에서 이 세계가 선택되어 창조되었다는 것인데, 신은 어떤 기준에서 이 세계를 선택했을까요?

신은 이 세계를 사의적이고 즉흥적으로 신택한 것이 아닙니다. 신은

있을 수 있는 수많은 세계 중에서 이 세계가 가장 좋다는 판단하에 선택한 것입니다.

그러면 신이 우리가 살고 있는 이 세계가 최상의 세계라고 판단한 기준은 무엇일까요?

그 기준은 최적화의 원리입니다. 신은 이 세계가 최적의 세계, 즉 가장 적합한 세계라고 판단했던 것이죠. 신이 선택한 최적의 세계는 최대한의 다양성 속에 최대한의 질서를 머금고 있는 세계입니다. 예를 들면, 블록 쌓기 놀이를 생각해 보죠. 불과 몇 안 되는 적은 수의 블록 조각으로 비행기를 만든다고 생각해 봅시다. 어떤 조각을 어떤 조각과 잇대어 놓아야 비행기가 만들어질지를 어렵지 않게 알 수 있습니다. 하지만 만들어진 비행기는 허술하여 완성도가 크게 떨어집니다. 실제 비행기의 모습과 상당한 차이가 나는 것이지요.

완성도를 높이기 위해서는 블록 조각이 정밀하면 정밀할수록 그리고 많으면 많을수록 좋습니다. 그렇지만 지나치게 많아서 어떤 조각을 어떤 조각과 잇대어 놓을지를 알 수 없다면 완성도 높은 비행기를 만들기 어렵습니다. 많으면 많을수록 좋지만 질서를 부여할 수 있을 정도의 적당한 수량이어야 합니다.

우주의 완성도를 높이기 위해 신은 최대한 다양함 속에서 최대한의 질서를 이끌어 내야 합니다. 이것이 완성도를 최대치로 끌어 올린 상태, 최적화의 상태라고 할 수 있습니다. 우리가 살아가고 있는 이 세계가 바로 최적화된 세계입니다. 신에 의해 디자인 된 수많은 있을 수 있는 세계들 중에서 신이 가장 완성도 높은 세계라고 선택한 세계가 바로 이 세계인 겁니다. 라이프니츠는 세계를 낙관적으로 바라보고 있습니다.

물론 신이 선택한 가장 완성도 높은 세계라고 해서 그 세계를 구성하는 구성원 모두가 완전하다는 것은 아닙니다. 라이프니츠는 신을 뛰어난 건축가에 비유해 설명합니다. 뛰어난 건축가는 최소한의 비용으로 최대한 효과를 거둘 수 있는 건축물을 짓는 사람입니다. 무조건 값비싼 재료로 건축물을 짓는다고 뛰어난 건축물이 되는 것은 아닙니다. 마찬가지로 최고의 프로그래머요, 디자이너며, 건축가인 신이 선택한 최상의 세계는 완전한 것들로만 구성된 세계가 아닙니다. 불완전한 것이 포함되어 있음에도 완성도가 높은 최적의 세계가 바로 신이 선택한 최상의 세계인 우리가 사는 이 세계입니다.

　사실 말이 선택이지, 신의 치밀한 계산을 통해서 지금 이 세계가 최적의 상태라는 결과가 나온 겁니다. 다시 말하지만, 신의 선택은 자의적인 것이 아닙니다.

　그러니까 있을 수 있는 세계 속에는 여러분과 제가 독자와 저자로서 만나지 않는 세계도 있을 수 있는 겁니다. 하지만 여러분과 제가 지금 이렇게 만나고 있는 것은 신이 우리가 이렇게 만나는 것이 최적이라고 판단하고 선택했기 때문이죠.

　유행가 가사처럼, 우리 만남은 우연이 아닌 것이지요.

에필로그

"뭐라구? 앞으로 게임을 안 하겠다고?"

엄마와 아빠가 믿을 수 없다는 듯이 두 눈을 크게 뜨고 태균이를 바라보았어요. 그 눈초리에는 '설마?' 하는 의심이 가득했어요.

부모님이 그럴 만도 하지요. 태균이가 게임을 그만하겠다고 약속한 게 한두 번이 아니었으니까요. 사흘이 못 가서 다시 컴퓨터 앞에 앉는 태균이를 보며 엄마와 아빠는 합창하듯 이야기했어요.

"그러면 그렇지. 네가 그럴 줄 알았다."

그랬던 엄마, 아빠였는데 태균이의 말을 쉽사리 믿을 리가 없었어요.

"이번에는 며칠이나 갈 것 같니? 일주일? 열흘?"

아빠가 무덤덤하게 다시 신문을 내려다보며 말했어요.

"저도 제가 게임 중독인 건 알아요. 하지만 이번에는 일기에까지 썼

다니까요."

"글쎄, 네 말대로만 된다면 걱정할 게 없지만…… 너, 회초리가 부러질 때까지 종아리를 맞고도 사흘만 지나면 컴퓨터에 앉아 게임하던 애였잖아. 이제 네가 게임을 끊는다는 말을 믿느니 차라리 팥으로 메주 쑨다는 말을 믿겠다. 컴퓨터에 관해서라면 너에 대한 기대를 접었다."

아빠는 태균이의 말을 귓전으로 들었어요.

아빠의 그런 반응을 보니 태균이는 서운함을 넘어 슬퍼지기까지 했어요. 아들을 믿지 못하는 아빠가 원망스러운 게 아니에요. 어쩌다 자신이 이렇게 믿음을 주지 못하는 아들이 되었나 해서 스스로가 한심스러웠기 때문이에요.

그래도 엄마는 태균이에게 한 가닥 기대를 거는 눈치였어요.

"여보, 그래도 태균이가 이렇게 우리 앞에서 게임을 끊겠다고 말한 적은 없었잖아요? 자기도 뭔가 느낀 바가 있나 봐요. 한 번 더 믿어 줍시다."

"난 더 이상 실망하기 싫어서 그래."

아빠는 전혀 흔들림이 없었어요.

"엄마, 아빠, 저도 갑자기 게임을 끊을 수 있을 거라고 생각하지는 않아요. 하지만 저 스스로도 게임 중독이라고 생각해요. 그러니까 이 중독에서 벗어나겠다는 말이죠. 일주일에 단 하루라도 게임을 하지 않는 날을 만들겠어요. 그러다 보면 차츰차츰 게임의 굴레에서 벗어날 수 있을 거라 생각해요."

태균이가 다부진 태도로 말하자 아빠도 조금 마음이 움직였나 봐요. 아빠는 진지하게 태균이를 보며 물었어요.

"그 말이 진심이냐?"

"진심이에요. 제 이름을 걸고 맹세할게요."

"맹세가 중요한 건 아니다. 어쨌든 그런 각오라면 한번 믿어 보자. 게임을 끊는다는 말보다는 네 말대로 일주일에 단 하루라도 게임을 하지 않는 날을 만들고, 그런 날을 하루하루 늘리겠다는 계획이 더 신빙성 있지. 하지만 결코 쉬운 일이 아닐 거다. 중독되기는 쉬워도 벗어나기는 참 힘들거든. 그래도 노력하다 보면 조금씩 나아질 거라고 믿어야지."

"예, 엄마, 아빠!"

태균이는 힘차게 대답했어요. 반드시 약속을 지켜서 엄마, 아빠의 신뢰를 얻을 수 있는 아들이 되겠다고 다짐했어요. 아니, 그 때문만이 아니라 동혁이 아저씨와의 약속을 위해서도, 무엇보다 자기 자신을 위해서 말이에요.

"아후후후!"

태균이는 저도 모르게 괴성을 지르고 말았어요. 무의식적으로 컴퓨터를 켜고 게임 사이트에 들어가 있는 자신을 발견했거든요.

역시 아빠의 우려대로 게임을 끊는다는 게 쉬운 일은 아니에요. 참을 수 없는 고통이었어요.

"정신 차려!"

태균이는 자신을 나무라며 자기의 다리를 때렸어요. 왼손으로 오른손을 때리기도 했어요.

문이 열리며 엄마가 들어왔어요. 태균이가 갑자기 소리를 질렀으니 놀라기도 했을 거예요.

"태균아, 무슨 일이니? 왜 소리를 지른 거야?"

태균이는 고개를 푹 숙이며 말했어요.

"엄마, 전 정말 중증이에요. 이러다 게임에서 영영 벗어나지 못하면 어떻게 하죠?"

"그러게 진작부터 노력했어야지. 몇 년 동안 들인 습관을 금방 고치기가 쉽겠니?"

"전 구제불능인가 봐요. 어쩌면 좋지요? 이젠 정말 무서운 생각까지 들어요."

괴로워하는 태균이를 보며 엄마도 안타까워했어요.

그날 저녁에 아빠가 태균이를 불렀어요. 아마 엄마로부터 이야기를 들었나 봐요.

"태균아, 힘들지?"

아빠는 부드럽게 태균이를 위로했어요.

"습관이란 그렇게 무섭단다. 중독은 더 무섭지. 하지만 그건 너만 겪는 일이 아니야. 아빠도 담배를 끊으려 그렇게 노력했는데 참 끊기가 어렵더구나. 지금은 그래도 그 양을 많이 줄였지만…… 담배뿐만이 아니야. 술을 끊지 못하는 사람도 있고, 그 외에도 나쁜 습관에서 벗어나지 못하는 사람들이 많아. 누구나 정도의 차이는 있어도 나름대로의 중독이 있어."

"그래. 엄마도 커피를 하루에 몇 잔씩 마시던 사람이야. 하지만 많이 노력해서 지금은 하루에 한 잔 정도만 마시게 됐어. 이상하게 좋지 않은 습관일수록 벗어나기가 힘들더구나. 그래서 네 마음을 이해한단다."

엄마 아빠의 경험담을 들으니 태균이는 마음이 한층 누그러졌어요.

'나만 이런 게 아니구나. 어른들도 나쁜 습관을 고치는 게 어렵구나.'

"태균아, 너 혼자의 노력만으로는 많이 어려울 거야. 그러니 엄마하고 같이 병원에 다니자."

"병원이라니요, 왜요?"

태균이는 소스라치게 놀라서 엄마를 쳐다보았어요.

"응. 병원에서 심리 치료를 병행하면 게임 중독에서 벗어나는 데 도움이 된다는구나. 희진이 엄마가 그러더라."

태균이는 희진이 엄마로부터 그런 조언을 들었다는 게 자존심 상했어요. 그리고 병원까지 가서 치료를 받아야 할 정도인가 해서 겁이 나기도 했어요.

"너무 두려워하지 마. 혼자 힘으로 해결하기 어려울 때는 전문가의 도움을 받는 게 당연한 거야. 의사 선생님한테 도움을 받으면 많이 좋아질 거야. 용기를 내, 태균아."

엄마가 태균이의 어깨를 가볍게 두드리며 말했어요.

그렇게 해서 태균이는 병원에 다니며 심리 치료를 받게 되었어요. 처음에는 병원에 다닌다는 게 거부감이 들었지만 중독에서 벗어나기 위해서는 어쩔 수 없다고 생각했어요.

그리고 게임이 생각날 때마다 다른 놀잇거리를 찾았어요. 축구나 배드민턴은 게임을 잊게 하는 훌륭한 스포츠였어요.

운동을 한 뒤 땀을 흘리고 나면 전에는 경험할 수 없는 보람과 성취감을 가질 수 있었어요.

'그래, 천 리 길도 한 걸음부터야. 한꺼번에 이루려 하지 말고 조금씩

노력하다 보면 언젠가 내 목표에 성큼 다가가 있을 거야. 김태균! 아직
늦지 않았어.'

　태균이는 하늘로 펄쩍 뛰어올랐어요. 뛰어오른 만큼 하늘이 가까이
다가오는 것 같은 기분이 들었어요.

통합형 논술
활용노트

01 (가)에는 인간에 대해 다양한 정의가 등장합니다. 여러 정의 중 (나)의 내용을 요약한 정의는 무엇인지 찾아 적어 보시오. 그리고 그 정의에 대해 여러분은 어떻게 생각하는지 적어 보시오.

(가) 지금까지 인간을 정의하는 말들은 여러 가지가 있어요. 몇 가지 예들을 살펴보기로 하지요.

"인간은 이성적인 동물이다."

"인간은 생각하는 갈대이다."

"인간은 사회적인 동물이다."

"인간은 인간에 대하여 늑대다."

"인간은 웃을 줄 아는 존재이다."

"인간은 자기를 반성할 줄 아는 존재다."

"인간은 상징하는 동물이다."

이와 같은 인간에 관한 정의들은 아리스토텔레스나 파스칼과 같은 철학자들 그리고 홉스와 같은 영국 철학자에 의해서 만들어졌어요.

— 〈카시러가 들려주는 상징 이야기〉 중

(나) "오케이! 잘 맞혔다. 그것은 동물이 갖고 있는 '의식적 모나드'보다 더 고차원적이고 심오해. 여기서 중요한 문제를 하나 이끌어낼 수 있단다. 인간의 모나드에는 반성이 따른다는 거야."

"반성이요?"

"자기 자신을 돌아보고 특정한 상황에 대해서 후회하고 죄책감을 갖는 것 말이야. 하지만 동물에게는 반성이 없어. 쉽게 설명하자면 일기 쓰기를 예로 들 수 있지. 우리는 일기를 쓸 때 오늘 했던 일을 돌이켜 보면서 반성을 하잖아? 오늘 동생과 왜 싸웠을까? 왜 엄마 말을 안 들었을까? 하지만 동물에게는 그런 게 없어. 개가 주인의 친구가 왔을 때 짖어대고는 나중에 일기를 쓰면서 '왜 짖었을까, 짖지 않고 꼬리를 흔들었으면 주인 친구가 갖고 있는 과자를 얻어먹었을 텐데' 하고 반성하는 일은 없단 말이야."

그 말을 듣던 세 아이들은 일제히 웃음을 터뜨렸어요.

"우헤헤헤, 동물이 일기를 쓴다니 생각만 해도 너무 웃겨요."

동혁 아저씨도 따라 웃다가 갑자기 웃음을 멈추며 말했어요.

"인간이 동물과 다른 것 중에 하나는 반성을 한다는 거야. 반성을 통해 자기 자신을 의식하게 되고 우리의 내면 상태를 살펴보게 되지. 더 나아가서 추상적인 차원까지 인식할 수 있어."

— 《라이프니츠가 들려주는 모나드 이야기》 중

02 다음 제시문을 읽고 물음에 답하시오.

(가) 고대 그리스 철학자들은 우주와 자연에 많은 관심을 가졌습니다. 특히 그것들이 어떻게 만들어졌을까 하는 것이 가장 큰 관심거리였습니다. 세상을 이루는 근본 물질을 불, 공기, 흙, 물 같은 물질에서 찾지 않고, '원자'로 생각한 사람들이 있습니다. 이런 사람들을 '원자론자'라고 합니다. '원자'에 대한 생각을 맨 처음 한 사람이 레우키포스입니다.

(……)

레우키포스에 있어서 가장 중요한 것은, 세상의 근본 물질에 대해 두 가지 주장을 한 것입니다. 그것은 허공(진공)과 원자입니다. 그때까지 많은 철학자가 공기를 이야기했지만, 레우키포스는 이 공기와 진공을 구별한 최초의 철학자였습니다.

엠페도클레스는 공기가 있음을 증명한 뒤 그것을 물질이라고 했습니다. 그리고 파르메니데스는 공기에는 공간이 없다고 주장했습니다. 레우키포스는 공기는 '있는 것'이며 진공은 '없는 것'이라고 했습니다.

레우키포스의 생각에 따르면, '없는 것'도 완전히 없는 것이 아니라 있는 것 중 하나로 보아야 합니다. 현대 과학에서는 이 점을 중요시하고 있습니다.

레우키포스는 이 부분에서 아낙사고라스와 생각이 달랐습니다. 그는 원자의 크기가 작을 뿐 아니라 아주 단단한 알갱이기 때문에 더 이상

나누어질 수 없는 가장 작은 입자라고 생각했습니다.

—《만화 서양 철학사》중

(나) 라이프니츠 자신이 생각하는 실체에 붙인 이름이 모나드입니다. 모나드monade란 그리스어의 모나스monas로부터 유래한 용어로 '하나', '단순함', '나눠질 수 없음'을 뜻합니다. 그 말은 무엇보다도 실체가 복합체가 아니라는 것, 더 이상 쪼개질 수 없을 정도로 단순하다는 것을 함축하고 있어요. 한마디로 실체, 즉 모나드의 본성은 단순함이라고 할 수 있어요. 이것이 라이프니츠의 모나드 이해에 가장 중요하다고 할 수 있습니다.

그럼 단순함을 기본으로 하는 실체인 모나드란 어떤 것일까? 모나드가 구체적 사물일 수는 없어요. 왜냐하면 구체적 사물들은 모두 부분들로 나뉠 수 있는 복합체이기 때문이죠.

그럼 모나드는 더 이상 분할될 수 없는 원자와 같은 소립자라고 말할 수 있을까요?

라이프니츠는 모나드가 원자와 같은 물질적 구성 요소라는 것을 부정해요. 왜냐하면 원자와 같은 소립자는 물리적인 크기를 가지고 있을 수밖에 없고 그 크기가 제아무리 작은 소립자라 하더라도 이론적으로는 그것이 물질적인 것인 한 더 작은 부분으로 나눠질 수 있기 때문이죠. 나눠질 수 있는 한 그것은 단순하다고 할 수 없으니까요. 따라서 모나드는

우리가 감각으로 경험할 수 있는 물질적 차원의 존재가 아니라는 것을 알 수 있어요. 라이프니츠가 말하는 이 세계를 구성하는 근원적인 요소인 모나드는 물질적 차원의 존재가 아니라 비물질적 차원의 것입니다. 그래서 물론 영혼이라는 말을 조심스럽게 사용해야겠지만, 일단 모든 모나드는 영혼이라고 할 수 있습니다.

— 《라이프니츠가 들려주는 모나드 이야기》 중

(다) "탈레스는 또 어떤 사람이었나요?"
규정이가 히죽거리면서 아저씨에게 물었다.
"세상 모든 물질의 근본이 물이라고 말한 사람이야. 그게 바로 아르케이고. 맞죠, 아저씨?"
영미가 이번에도 아는 체하며 나섰다.
"그래, 맞아. 오늘 이렇게 청계천에 오니까 탈레스 생각이 더 나는구나. 탈레스는 물의 소중함에 대해 아주 잘 알고 있었지. 당시에는 특히 농업이 주요 생계 수단이었으니까 더욱더 물이 소중할 수밖에 없었지만, 그 누구도 물이 이 세상의 근원이라고 말한 적은 없었단다. 그런 논리를 맨처음으로 내세웠다는 거 자체가 역사적으로 큰 의미가 있는 일이란다. 너희들도 어떤 일이든지 당연하게만 받아들이지 말고, 항상 의문을 품고 뭔가 새로운 사실을 발견하기 위해 노력해 보렴."

— 《탈레스가 들려주는 아르케 이야기》 중

1. 제시문 (가)의 원자론과 제시문 (나)의 모나드론의 차이점이 무엇인지
   적어 보시오.

2. 제시문(나) 의 라이프니츠와 제시문 (다)의 탈레스가 말한 세상의 근원
   차이점이 무엇인지 적어 보시오.

통합형 논술
문제 풀이

01 (나)를 보면 인간은 동물과 다르게 자기 자신을 반성할 수 있다고 했습니다. (가)에 여러 정의가 있지만 그 중에서 "인간은 자기를 반성할 줄 아는 존재다"라는 정의가 (나)의 의미를 잘 나타내고 있습니다. 동물은 본능에 더 이끌리지만 인간은 본능에 따라서만 행동하는 것이 아니라 잘못된 선택을 하지 않기 위해 이성을 가지고 생각하면서 행동하고, 행동을 한 후에 반성을 합니다. 그러나 요즘 사회를 보면 동물과 다름없이 행동하는 사람들도 많이 있습니다. 가끔 사회에 물의를 일으킨 사람들을 보면 큰 잘못을 저질러 놓고도 반성할 줄 모르고 잘못했다는 생각 자체를 하지 않습니다. 자신이 한 행동에 반성하는 일은 단순히 과거의 일을 후회하고 한탄하기 위해서가 아닙니다. 과거의 잘못된 일을 계기로 현재와 미래에 일어날 일을 대비하고 앞으로도 똑같은 실수를 반복하지 않기 위함입니다. 우리는 후회에서 그치는 것이 아니라 앞으로 더 성장할 자신을 위해 반성하는 일을 실천해야 합니다.

02 1. 고대 그리스 철학자 레우키포스는 이 세상을 이루는 근본 물질이 더 이상 나누어질 수 없는 가장 작은 알갱이 즉, 원자라고 했습니다. 그러나 라이프니츠는 세상을 이루는 근본 물질이 계속 쪼개어 지다가 더 이상 쪼개어 질 수 없는 상태에 다다른 원자를 부정합니다. 왜냐하면 쪼개진다는 것은 눈에 보이고 손에 잡히는 물질이라는 것을 의미하고, 공간에 크기를 차지하고 있는 물질은 아무리 작게 쪼개도 계속 쪼개지기 때문입니다. 그래서 라이프니츠는 세상을 이루는 근본 요소를 모나드라 부르고, 모나드는 단순한 실체의 사물이 아니고 비물질적인 것이라고 했습니다. 비물질인 모나드는 쪼갤 수 있는 것이 아니라 개별적인 실체에 들어 있는 영혼과 같은 것입니다.

2. 탈레스는 세상의 근원을 물이라고 하였습니다. 물로 모든 물질을 만들었다는 것이 아니라 인간의 세상살이에 물이 그만큼 중요하다는 의미입니다. 인간이나 동물이나 식물은 물을 먹지 않으면 죽습니다. 죽

음을 떠나 인간이 생명을 유지하기 위해 음식을 먹고, 집에서 자고, 옷을 입고 하는 행위 속에도 모두 물이 필요합니다. 특히 탈레스가 살았던 시대는 농업이 매우 중요하였고, 농업에서는 물이 아주 소중하기 때문에 탈레스는 물이 세상의 근원이라고 하였습니다. 반면 라이프니츠가 말한 모나드는 가장 단순한 실체로 모든 개별적인 사물에 내재되어 있다고 보았습니다. 그리고 모나드는 서로 통(通)하는 관계는 없으나 신(神)에 의해 개별적인 모나드가 조화를 이룹니다. 탈레스와 라이프니츠가 세상의 근원을 설명하는 데 있어서 그들을 자신의 시대적 배경에서 크게 벗어나지 않습니다. 탈레스는 농업을 중요시 여기는 생활환경이 직접적으로 작용하였고, 라이프니츠는 신학 영역을 뛰어넘지 못하고 신(神)에 의한 조화를 설명한 것으로 알 수 있습니다.